新时代巾帼楷模

（第二卷）

本书编写组　编

中国妇女出版社

图书在版编目（CIP）数据

新时代巾帼楷模．第二卷 / 本书编写组编．-- 北京：中国妇女出版社，2023.10
ISBN 978-7-5127-2316-0

Ⅰ.①新… Ⅱ.①本… Ⅲ.①妇女－英雄模范事迹－中国－现代 Ⅳ.①K828.5

中国国家版本馆CIP数据核字（2023）第173974号

责任编辑：耿 剑
装帧设计：惊 鸿
责任印制：李志国

出版发行：中国妇女出版社
地 址：北京市东城区史家胡同甲24号 邮政编码：100010
电 话：（010）65133160（发行部） 65133161（邮购）
网 址：www.womenbooks.cn
邮 箱：zgfncbs@womenbooks.cn
法律顾问：北京市道可特律师事务所
经 销：各地新华书店
印 刷：北京中科印刷有限公司

开 本：170mm×240mm 1/16
印 张：20.5
字 数：268千字
版 次：2023年10月第1版 2023年10月第1次印刷
定 价：88.00元

如有印装错误，请与发行部联系

出版说明

女性的光辉是时代的光辉，巾帼的风采是进步的风采。习近平总书记强调，我国广大妇女积极投身新时代中国特色社会主义事业，以巾帼不让须眉的豪情和努力，起到了“半边天”的重要作用。为大力宣传新时代先进女性典型，记录她们牢记习近平总书记殷殷嘱托，争做伟大事业的建设者、文明风尚的倡导者、敢于追梦的奋斗者的巾帼风采风貌，按照全国妇联部署要求，在中国妇女第十三次全国代表大会召开之际，我们将荣获国家功勋、国家荣誉称号的杰出女性，中宣部等集中宣传发布的全国重大女性典型，获评全国三八红旗手标兵的优秀女性的先进事迹，以及全国三八红旗手（集体）名录结集出版，形成了三卷本的《新时代巾帼楷模》。

翻开这套书，星光熠熠；阅读这套书，与有荣焉。

第一卷收录的女性人物，有在中国特色社会主义建设和保卫国家中作出巨大贡献、建立卓越功勋的“共和国勋章”获得者；有为党的事业作出杰出贡献、创造宝贵精神财富的“七一勋章”获得者；有勇立时代潮头、锐意改革创新，敢闯敢试、敢为人先的“改革先锋”；有道德情操高尚、影响广泛深远，充分体现“爱国、敬业、诚信、友善”价值准则的“时代楷模”；有在新中国70年各个时期奋战在各行各业，践行“幸福源自奋斗、成功在于奉献、平凡造就伟大”价值理念的“最美奋斗者”。每一个“她”的故事都是一段感人至深的旅程，从她们的闪光足迹中可以追寻和回溯建党百年、新中国成立70多年、改革开放40多年，特别是新时代十年的激情岁月。

第二卷展示的是新时代以来全国妇联评选出的全国三八红旗手标兵。98篇人物小传竞展巾帼芳华，映照时代荣光，串联起她们与时代同发展、与祖国共奋进，用实际行动为经济社会发展贡献巾帼力量，为实现民族复兴的历史伟业奋斗追梦的隽永故事。

第三卷收录了新时代以来涌现出的全国三八红旗手（集体）名单。全国三八红旗手是由全国妇联评选并授予中国优秀女性的至高荣誉，这些闪亮的名字映照着自尊、自信、自立、自强的“四自”精神，构成了“半边天”的瑰丽风景。

我们希望通过这套图书，能够将巾帼群英的骄人成就、感人故事载入史册，树立亿万中国女性在复兴路上的巾帼群像，宣传展示新时代十年我国广大妇女作出的突出贡献，充分发挥先进典型的精神引领、榜样示范作用，激励广大妇女在全面建设社会主义现代化国家新征程上，争做时代的书写人、追梦的奋斗者，踔厉奋发、勇毅前行，为强国建设、民族复兴伟业贡献巾帼力量。

本书编写组

2023年10月

目录

2013 年

2014 年

2015 年

2016 年

2017 年

新时代巾帼楷模

2018 年

2019 年

2020 年

2021 年

新时代
巾帼楷模

2022 年

2023 年

2013

全国三八红旗手标兵

张丽莉　曾任黑龙江省佳木斯市第十九中学语文教师，现为黑龙江省佳木斯市残联副理事长

卢新宁　曾任人民日报社高级记者、副总编辑，现为中央人民政府驻香港特别行政区联络办公室副主任

钱阿玲　江苏省苏州市吴江汉通纺织有限公司总经理，苏州市吴江区巾帼农村小额贷款股份有限公司董事长

王争艳　曾任湖北省武汉市汉口医院（原汉口铁路医院）医生，现为该医院名誉院长

徐　晓　河南省郑州海龙集团董事长

黄　薇　上海交通大学医学院教授、博士生导师，国家人类基因组南方研究中心常务副主任

尼玛卓玛　退休前为西藏自治区农牧科学院农业研究所副所长

薛　莹　中航西安飞机工业集团股份有限公司国际航空部件厂“薛莹班”荣誉班长

刘彩华　黑龙江省哈尔滨市双城区周家镇东跃村农民

龚全珍　退休前为江西省萍乡市莲花县甘家小学校长

张丽莉：舍身救学生的最美女教师

致敬词

无论是身为教师，还是身为残疾人工作者，张丽莉始终初心不改、温润他人，如小太阳一般，用光芒点亮更多光芒，用生命影响更多生命。

张丽莉：生于1984年。曾任黑龙江省佳木斯市第十九中学语文教师，现为黑龙江省佳木斯市残联副理事长。第十三届全国政协委员。获评全国三八红旗手标兵、全国五一劳动奖章、全国优秀教师、全国道德模范、感动中国2012年度人物等。

在危险来临的一刹那，张丽莉把生机留给了学生，而她的余生只能与残躯相伴。“这是我身为人师的本能，”她说，“我不后悔，他们还小，他们的快乐人生才刚刚开始。”

张丽莉成长在教育世家，祖父、父亲和大伯都是老师，她从小就对三尺讲台充满了向往。2007 年，23 岁的张丽莉从哈尔滨师范大学毕业后，回到家乡佳木斯市，成为黑龙江省佳木斯市第十九中学的一名语文老师。

“要么不做，做就做到最好”是张丽莉的座右铭。工作以后，她不断钻研，提高自己的教学水平，虚心与老教师探讨交流教学方法。很快，她就在全校 90 名青年教师中脱颖而出，成为学校着力培养的青年教师骨干和最受学生喜欢的教师之一。

2009 年，张丽莉开始担任班主任，她喜欢叫学生“我的宝贝们”，学生喜欢叫她“丽莉姐”。她是真心把学生当作自己的孩子来看待，对他们的关心照顾细致入微。体育中考时下起了雨，她把自己的伞给了学生；冬天，有的学生不吃早饭，她就自己掏钱买来一箱桃酥放在教室后面；班上有家庭困难的孩子，她用自己微薄的工资悄悄资助着他……

2012 年 5 月 8 日，张丽莉和下晚自习的学生们一起走出校门。突然，一辆失控的大巴车冲了过来，孩子们见状都吓得呆住了。生死一线之际，张丽莉挺身而出，用身体顶开两个学生，又用手推开另外两个学生，而她自己却被大巴车碾翻在地，重伤昏迷。在送医途中偶有清醒的瞬间，她却叮嘱说“先救学生”，甚至从多日昏迷中醒来后，她的第一句话也是“那几个孩子没事吧”！

经过连续多日的抢救和治疗，无数次与死神擦肩而过，张丽莉最终顽强地挺了过来，但不幸的是，她的双腿高位截肢，将终身与轮椅为伴。

面对这样的人生转折，张丽莉始终乐观而坚强。她安慰家人，“我还活着，孩子们也没事，已经很幸运了”；她鼓励自己，“生活就是最好的康复师”，告诉自己不应拿出过多的时间自怨自艾；她试着接纳不一样的自己，去习惯与疼痛、不便为伴，同时也积极做康复治疗，梦想着有一天能再次站上心爱的三尺讲台。

由于身体原因，张丽莉最终没能回到她熟悉的校园，而是选择进入残联工作，用自己的能量为更多残疾人朋友带来福祉，为失意者的生活照进一缕阳光。

“我总在想，如何让生命之光照亮更多的人，或许过去是传递知识，现在则是努力做一个‘高尚的、擎着火把为残疾人照亮生活道路’的残疾人工作者，我觉得这些都是有价值的。”张丽莉说。

（文／李晓珊　编辑／中国妇女杂志社　王梓蓉）

卢新宁：“不可救药的理想主义者”

致敬词

28 年新闻生涯，她是“不可救药的理想主义者”，坚信抵达现场的力量；她是秉笔直书的评论员，追求党心民意的激荡。4 年转战香江初心不改，她用行动践行“你怎么样，中国便怎么样”的使命担当。

卢新宁：生于1966年。曾任人民日报社高级记者、副总编辑，现为中央人民政府驻香港特别行政区联络办公室副主任。享受国务院政府特殊津贴。党的十八大、二十大代表。先后获评全国三八红旗手标兵、中直机关十大杰出青年、全国宣传文化系统“四个一批”人才、全国五一劳动奖章、全国新闻出版行业领军人才等，17次获中国新闻奖特别奖或一等奖。

在互联网上搜索“人民日报卢新宁”，她在2012年作为“大师姐”应邀出席北京大学中文系毕业典礼时的演讲——《在怀疑的时代依然需要信仰》，仍然显示在搜索结果的第一页。11年间，这篇网友口中的“北京大学毕业典礼史上最牛致辞”多次翻红，“选择坚守、选择理想”，激励了一波又一波初入社会的年轻人。

1991年，北京大学中文系毕业后，卢新宁进入人民日报社工作。做文教记者时，她相信现场的力量，曾用一个月的时间重走长征路，开设专栏，沿途发回《走近长征、走近一个民族的象征》等十几篇报道；三峡大坝合龙前，她主动请缨去一线采访，半个月沿江而上，坐过拖拉机，住过猪圈旁，写出一篇整版报道《三峡文物大抢救》；20世纪90年代初，策划“我们今天怎么教育孩子”大讨论，引发家庭、学校和社会的思考。同事们说，那时的她风风火火，就像仗剑走天涯的女侠。

调入评论部后，卢新宁成为《人民日报》重要评论的主要执笔人。每年五六篇署名“任仲平”的重磅评论，《改变历史的“北京时间”》《走向复兴的“中国道路”》《选择，凝聚在信仰的旗帜下》《他的英名和事业永世长存——写在马克思诞辰200周年之际》……几乎每篇都是她确定主题主线、组织撰写统稿，读者评论其文“如黄钟大吕，充满激情，充满力量”。

“相比当记者时的‘天马行空’，我更喜欢写评论的节奏。排山倒海的任务日复一日地紧逼，让责任的弓弦枕戈待旦，也让世俗的欲念寸草难生。”卢新宁这样感慨。

在编委会支持下，卢新宁创办《人民日报》第一个新闻评论专栏《人民时评》，直面社会民生热点，以党心民意的共鸣回应社会关切，两年后全票获评中国新闻奖“新闻名专栏奖”，成为《人民日报》改革创新的代表品牌。她带领团队创办《人民日报》第一块评论版，打响“本报评论部文章”，推出一年就获评“读者最喜爱版面”。她撰写的社论《悲痛中凝聚不屈的力量》，被列为中华经典散文名篇。她在新媒体阵地开疆拓土，带领《人民日报》评论员直接与亿万网民对话，亲自操刀的微博评论，被网友点赞“人民范儿”，感叹“精英在党内”。作为《人民日报》历史上第一位评论部“女掌门人”，她将向来是男人主政的党报评论事业做得风生水起。

2014 年，卢新宁任人民日报社副总编辑，后又兼任人民网股份有限公司董事长，分管新媒体和国际报道。顺应瞬息万变的互联网大潮，她带领技术部自主研发移动报道指挥平台并不断升级，平台获得 2017 年“王选新闻科学技术奖”（项目奖）一等奖与国家专利；她提出创办融媒体工作室，激发党报网络时代新闻生产力，实现新闻产品“一体策划、一次采集、多种生成、多元传播、全天滚动”；她创造性尝试通过定制推送向外媒提供新闻服务，以本土化、特色化、多媒体式报道直接讲述中国故事。

在此期间，卢新宁发表了《从政治宣传到政治传播》《我们离“看不见的宣传”有多远》《“内容 +”将成为媒体融合关键词》等论文。28

年记者生涯中，她 17 次获得全国年度优秀新闻作品最高奖——中国新闻奖的特别奖或一等奖。

2019 年，卢新宁的新闻生涯告一段落，担任中央政府驻港联络办副主任。甫一到港，就赶上“修例风波”，经历了香港回归祖国以来最严峻的局面。卢新宁和同事们坚决贯彻落实党中央决策部署，提出“三个舆论场”协同作战，推动“时代精神耀香江”等“中央声音，国家议题”入港，在香港由乱及治重大转折中，忠诚担当、攻坚克难，为香港从由乱及治走向由治及兴新阶段作出新贡献。当初那个“女侠”豪情未减，在另一个赛道继续传递能量、守护信仰。

“你所站立的就是你的中国，你怎么样，中国便怎么样；你是什么，中国便是什么。”这是卢新宁的誓言，也是她的担当。

（编辑／中国妇女杂志社　柳亚敏）

钱阿玲：“草根金融”点燃致富梦想

致敬词

艰苦创业志不渝，回报社会献爱心。她创办农村小额贷款股份有限公司，点燃创业女性的致富梦想；她资助“巾帼春蕾班”，让风雨中的蓓蕾尽情绽放。一路走来她始终与爱同行，被称为“道德企业家”。

钱阿玲：生于 1954 年。江苏省苏州市吴江汉通纺织有限公司总经理，苏州市吴江区巾帼农村小额贷款股份有限公司董事长。获评全国三八红旗手标兵等。

1978 年，“农家女”钱阿玲进入江苏省苏州市吴江县（现为区）东方丝绸印染厂。“父母什么都没留给我，只留给我两样东西，那就是‘脑筋’和‘苦筋’。”凭借这两根“筋”，学历只有小学四年级的钱阿玲很快成为一名销售骨干。当时东方丝绸印染厂有 20 多个经营部，她带领的经营部业务量就占到全厂的 60%。

1997 年，金融海啸席卷全球，东方丝绸印染厂受到影响倒闭，1000 多名工人全部下岗，43 岁的钱阿玲也失了业。女儿正读高中，丈夫也只是电子厂的一名普通职工，收入微薄，一家人的生计怎么办？

在一没本钱、二没门路的情况下，凭着敏锐的嗅觉，钱阿玲捕捉到苏州市盛泽镇打造中国东方丝绸市场的商机，她带着 5 个一起下岗的姐妹，在一个 20 多平方米大的小门面里开始经营面料生意。这就是吴江汉通纺织有限公司（简称汉通公司）的前身。

钱阿玲深知，有新产品才能有竞争力，于是她带领团队全力以赴研发新品。2004 年，国外面料市场开发出一种 20D 单孔锦纶丝与人造棉交织的面料，当时国内市场还没人敢做。钱阿玲大胆决策，抢先一步，她们自行开发的“聪明玲珑”系列掀起了一股环保面料热潮，此后连续 19 年获得中国流行面料奖。汉通公司跻身“中国长丝织造行业竞争力 10 强企业”，成为“国家环保时装面料开发基地”。

2008 年，为切实改善农村地区金融服务，真正缓解“三农”融资难问题，党中央、国务院决定在全国范围内开展农村小额贷款公司试点工作，江苏省人民政府积极响应，出台了相关意见与办法。

“创业难，农村女性创业更难”，钱阿玲和丈夫决定帮助那些为资金发愁的小企业和有志创业的姐妹，于是在2009年年初牵头成立了吴江区巾帼农村小额贷款股份有限公司（简称巾帼公司）。年关将近，很多工厂资金周转困难。这个时候，各家银行已经基本不办理贷款业务了。工人要回家过年，却拿不到工资，一些工厂大门被工人团团围住。工厂主们急得团团转，乍然听说巾帼公司要向外放钱，都挤到了这个小小的贷款公司里。看到一张张焦急的面孔，钱阿玲不忍拒绝，一次就贷款出去2000多万元。

“这个阿玲太感情用事，胆子太大了。”不了解她的人这样评价，但钱阿玲心里有谱。她知道，来贷款的工厂主们是真有难处，一旦情况好转，一定会及时还钱的。后来的事实证明钱阿玲是对的，没有发生一起拖欠贷款不归还的。

巾帼公司贷款门槛低、利率低、手续简、速度快，成为当地各级妇联推动“巾帼创业就业”“女大学生创业导师行动”的联系点和窗口。巾帼公司还与苏州市吴江区妇联联合推出了“巾帼创业专项贷款”，拿出1000万元专项资金，以更加优惠的利率帮助有志创业的女性。

从此，钱阿玲在奉献爱心的路上步履不停，资助“巾帼春蕾班”、定向为四川灾区妇女进行“手拉手”创业培训、到敬老院看望慰问孤寡老人、帮助聋哑儿童改善听力，并资助了200多名贫困大学生进入大学深造……先后为弱势群体捐款捐物累计达数百万元，受到人们的广泛称颂。

（编辑／中国妇女杂志社 邵玮）

王争艳：
“小处方”里的医者情怀

致敬词

她放弃高薪职位，扎根社区，坚守清贫，从医数十年，始终秉持“让病人花最少的钱得到最好的治疗效果”理念，平均单张处方花费不超过 80 元，最少的仅两角七分钱。“小处方”里见证医者情怀。

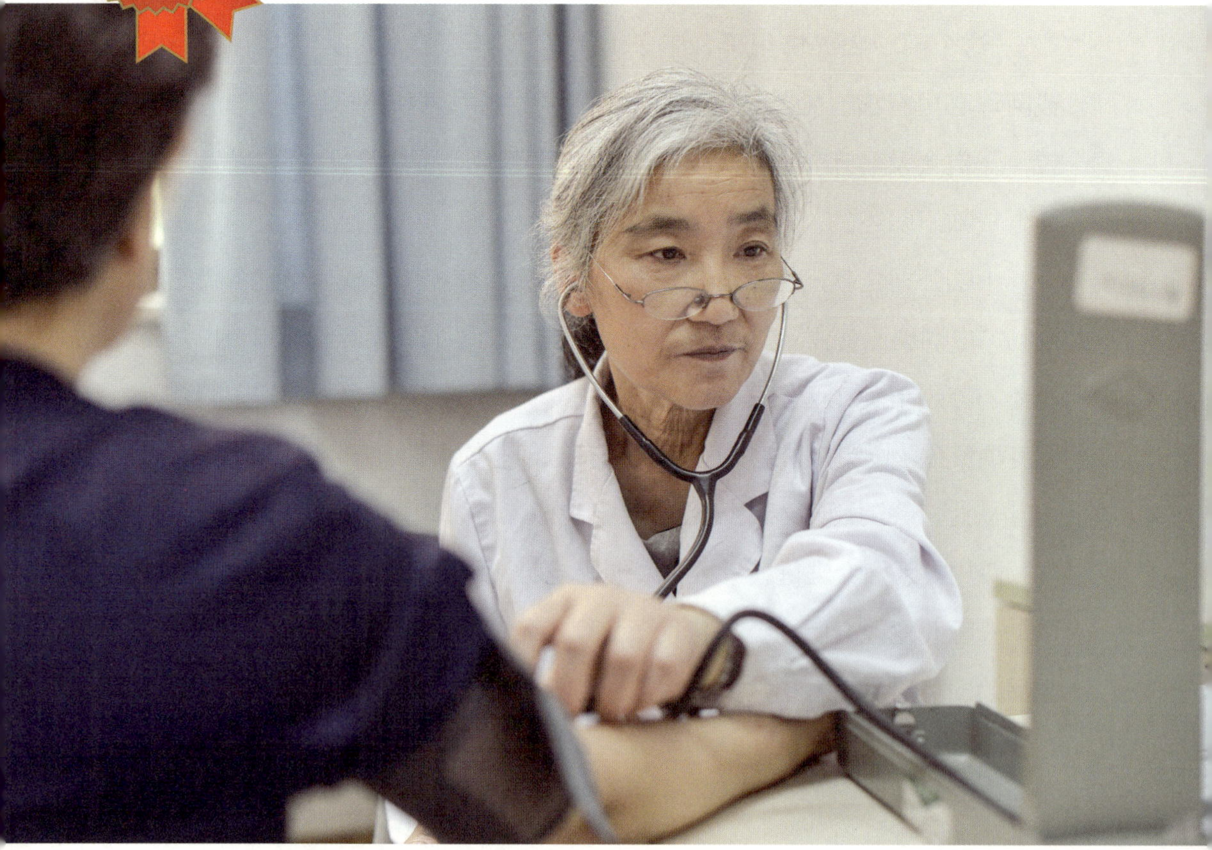

王争艳：生于1954年。曾任湖北省武汉市汉口医院（原汉口铁路医院）医生，现为该医院名誉院长。获评全国三八红旗手标兵、全国道德模范、全国先进工作者等。

一年 365 天，只要是上班时间，王争艳的白大褂就是随身“诊所”：左上口袋装着一支小电筒，左下口袋里是一包棉签，右下口袋里是一副听诊器，手腕上戴的是一块医院建院百年的纪念手表。小电筒、棉签、听诊器、手表，就是她诊断病情的“武器”。

1984 年，王争艳从同济医科大学本科毕业后，在武汉市汉口医院（原汉口铁路医院）开始了她的从医生涯。从最初的住院医师，到门诊全科医生，再到社区医生，王争艳多次放弃“向上”的高薪岗位，越做越“下沉”，直至最基层。她说：“大医院不差我这么个医生，但基层非常需要我。”她把给患者治好病作为最大的追求，享受着给基层群众带来健康的快乐和幸福。

王争艳在做诊疗时有个习惯——从不打断病人讲述，始终微笑着注视对方。她为病人做检查，仅凭一双手和视、触、叩、听的扎实基本功，就能发现仪器设备都难以检查出来的病灶。她始终秉持“让病人花最少的钱得到最好的治疗效果”的理念，从医以来，她开出的单张处方平均花费不超过 80 元，最少的仅两角七分钱，被人称为“小处方”医生。她说：“我并不是单纯追求‘小处方’。有些病用药贵，该开还是得开，要实事求是。”

王争艳还经常替患者垫钱，几块钱的挂号费、十几块钱的药费，但从没有一个患者不还的。有个农民工在工地摔伤，连缝合带药费 30 元，可病人只有20元，王争艳为他垫了10元钱。木讷的农民工连个“谢”字都没有说，就默默地走了。第二天，一瘸一拐的病人捏着10元钱回来了，虽然没有华丽的语言，但这带着体温的10元钱，代表着一位患者对医生的崇敬之情。

王争艳处处想患者之所想、急患者之所急、解患者之所忧，也正因如此，她拥有了一大批“粉丝”，她去哪个医院上班，患者就跟到哪个医院。

2016年年初，王争艳被查出得了胃癌，胃部被切除了五分之四，胆囊也被切除了，她一下瘦了近30斤。曾有一位追随王争艳十几年的病人，看到王争艳骨瘦如柴依然坚持给病人看病，心疼地对她吼道：“你自己病成这样还看啥病啊？”

手术后在家休养期间，王争艳一直牵挂着她的病人，仅半年，她就又回到了社区卫生服务中心。她说：“我不会坐着等死，一定要充分利用这几年的时间，在这有限的时间里发挥作用，这就是我活着的理由。”

2017年，王争艳在直播平台开通“王争艳直播间”，开展公益健康科普。“全科医生的社会职责不仅是治病，还要对患者心理、精神等进行全面引导，进行健康教育，把防治疾病关口前移，让患者防患于未然才是授人以渔。我的愿望就是，动员全社会都来做健康教育，普及健康知识，让更多的人受益。”她说，“人一辈子干自己想干的事，并干到极致，就是一种幸运，我觉得自己很幸运。”

（来源／湖北省妇联　编辑／中国妇女杂志社　王晓艳）

徐　晓：
企业发展到哪里，责任就覆盖到哪里

致敬词

数十年如一日，她热心公益与慈善事业，心系社会弱势群体。她说："企业发展到哪里，企业的社会责任就要覆盖到哪里。"她用实际行动诠释了新时代的企业家精神。

徐晓：生于 1972 年。河南省郑州海龙集团董事长。河南省妇联副主席（兼）。第十二至十四届全国人大代表。获评全国三八红旗手标兵、全国五一劳动奖章、全国城乡妇女岗位建功先进个人等。

在徐晓的人生中，“感恩奉献”永远是她内心深处的主旋律。

脱贫攻坚期间，她带领郑州海龙集团践行“我们办企业绝不是为了哪个人，而是要让人民群众在奔小康的道路上一个也不能掉队”的诺言，聚焦河南省郑州市荥阳市贫困群众出行难、上学难、就业难等问题，累计为全市贫困村捐款助建 4.68 亿元，涉及交通、教育、就业等多个领域。

荥阳西南部的刘河、庙子等几个乡，出山只有一条窄路，坑坑洼洼、崎岖不平，还要过一个隧洞，洞体坍塌严重，经常堵车，短则数百米，长则几公里。村里出现危重病人，常因堵路而延误救治时机，当地群众痛苦地把这条路称为“要命路”。

徐晓决心为群众铺一条康庄大道。她请来工程人员进行勘测设计，工程师说，这不是修路，而是劈山造路，仅挖填土石方就要 300 多万方，还要架设两座大桥，可谓是现代版的愚公移山！但徐晓迎难而上，不但企业垫资 3.5 亿元，她还一度推掉其他事务守在工地，同时要求集团总经理带领施工人员吃住在工地，集中全部精力攻坚克难。建成后的道路宽 46.5 米，全长 18.957 公里，彻底改写了荥阳南部贫困山区群众祖祖辈辈靠牛车往外运送农产品的历史，带动了沿线贫困村经济的快速发展。特别是当地小杂粮种植、农家乐乡村旅游发展迅猛，农民累计增收 200 多万元，1100 名群众走上了致富路。这条路因此被老百姓称为“致富大道”。

徐晓认为一个人的力量是渺小的，一家企业的付出是有限的。作为河南省女企业家协会会长，她组织召开了河南省女企业家精准扶贫工作动员会，实施“巾帼精准扶贫牵手行动”等，引领带动企业家合力攻坚。在她的带领下，全省有 200 多家会员企业参与到脱贫攻坚行动中，她们深入贫困村一线开展免费培训，面对面传授就业技能，手把手指导创业秘籍，实施“造血式”扶贫，为中原大地的脱贫攻坚按下了“快捷键”。

教育是斩断贫困代际传递的最佳路径，徐晓捐资设立“海龙教育基金”，长期资助寒门学子，使 2000 多人次受益。她捐资 50 万元启动“班班有个图书角”项目，先后为 1500 多名山区建档立卡贫困户家庭的孩子送去精神食粮。她出资 220 万元参与兴建王村小学，附近 1085 名贫困家庭的孩子实现就近入学。

打赢了脱贫攻坚战，但徐晓的爱心奉献之路却没有尽头。2021 年 7 月，河南遭受极端特大暴雨，尽管海龙集团同样受到灾情影响，损失严重，但她仍向开封市红十字会捐款 100 万元，用于购置 120 急救中心高底盘救护车，解决普通救护车在城市内涝中无法行驶的困难。7 月 30 日，她又向开封市示范区水稻乡捐赠 20 万元，助力灾后家园重建。她还赶往受灾严重的开封市祥符区捐献价值 11 万元的物资，帮助灾民共渡难关。

新冠疫情期间，徐晓积极参与河南省妇联“豫爱共行　防控疫情”公益项目，号召中原女企业家参与“娘家人送暖心菜”，为河南省支援湖北的 420 名医护人员免除后顾之忧，让他们感受到家乡的温暖。

徐晓用责任和担当、感恩与奉献，在新时代新征程上，继续书写着中原女企业家的大爱无疆。

（编辑／中国妇女杂志社　苏容）

黄　薇：
生命密码的破译者

破译生命密码，解读致病基因。她积极促进基因科学与临床医学研究紧密结合，让世界看到了中国人类基因组研究突飞猛进的发展进程，为人类健康事业作出了中国贡献！

致敬词

黄薇：生于1963年。上海交通大学医学院教授、博士生导师，国家人类基因组南方研究中心常务副主任。获得国家杰出青年科学基金，入选教育部跨世纪优秀人才培养计划。享受国务院政府特殊津贴。获评全国三八红旗手标兵、霍英东教育基金会优秀青年教师奖等。

黄薇从事的是基因组学和分子遗传学在人类疾病中的应用研究。人类基因序列图如同人类的生命“说明书”，而研究基因图谱则有助于人类认识自己，了解生命的起源，掌握疾病的发生发展规律，最终实现延年增寿。

1998年，黄薇参与了上海人类基因组研究中心（即国家人类基因组南方研究中心）的创办筹建，继而带领疾病基因组学和遗传学研究团队建立了一系列国际前沿的遗传多态性研究技术平台，围绕人类健康和重要常见疾病开展基因组学、分子遗传学的临床应用研究。黄薇是国内第一个引进ILLUMINA（因美纳）全基因组芯片检测分析系统，并建立第一个超高通量基因分型芯片实验室的人。

2003年，作为中国团队的主要负责人之一，黄薇参加了国际人类基因组单倍型图谱构建计划，对3号、8号和21号染色体的“基因天书”描绘展开联合攻关。以她为主完成的这一计划中的中国人基因研究，是包括香港、澳门和台湾地区专家在内的中国协作组第一次参与国际项目。她的课题组利用人类21号染色体的“单核苷酸多态性”（SNP），在中国人群中对不同人群的基因组连锁不平衡进行了比较分析研究。

中国有这么丰富的遗传资源，很多外国科学家都很感兴趣，黄薇说："与其坐等人家研究出成果，不如自己来探宝揭秘。"不少疾病，比如肝病、鼻咽癌等在中国人群里发病率非常高，为什么？病因在哪里？要想攻克疾病，就要了解疾病发生的内在根源，这就需要非常清楚中国人的遗传背景，把自己的基因序列变异特征描绘出来。历经 3 年，一套更细致、更系统的"中国版"21 号染色体变异图谱出炉了，图谱质量和位点密度位列整个国际人类基因组单倍型图谱计划的第一。

黄薇应用生物芯片技术和医院临床开展广泛合作攻关，在甲状腺疾病、糖尿病、高血压、冠心病、肿瘤以及临床个体化诊疗等方面，取得了丰硕成果，第一次提出"不同的基因变异导致甲亢药物治疗效果因人而异"，为甲亢的临床诊断和治疗取得了重要突破，见证着中国人类基因组研究突飞猛进的发展进程。

国家癌症中心最新统计数据显示，全国新发乳腺癌病例数达 27.24 万，每年死亡率超过 7 万，居女性恶性肿瘤发病率首位。中国女性乳腺癌的基因突变与欧美人群存在明显差异。因此只有比对中国人自己的基因大数据，才能充分破译肿瘤的成长密码，精准开展乳腺癌的预防和治疗。为此，黄薇团队检测了大量中国人乳腺癌基因图谱，绘制出乳腺癌基因突变图谱，并在临床应用中取得显著效果。

这些年，黄薇发表学术论文 166 篇、申请专利 141 项，先后获得国家自然科学奖二等奖 2 项、国家科技进步奖二等奖 2 项、教育部科技进步一等奖 4 项、中华医学科技奖一等奖 4 项。

黄薇说，我们的研究成果"不仅探究了科学上的一些重要问题"，更为"人类能够健康活着"这个更有意义的命题作出了贡献。

（编辑 / 中国妇女杂志社　苏容）

尼玛卓玛：油菜田里的“卓玛拉”

致敬词

30 多年来，她把实验室“搬进”田间地头，育成了西藏自治区第一个优质高产的甘蓝型油菜品种——“藏油 5 号”，为西藏地区群众增产增收作出了贡献，被群众亲切地称为油菜田里的“卓玛拉”。

尼玛卓玛：生于 1964 年。退休前为西藏自治区农牧科学院农业研究所副所长。享受西藏自治区特殊津贴。获得全国三八红旗手标兵等荣誉。

在藏语中，尼玛意为太阳，卓玛拉意为仙女，尼玛卓玛就是“太阳仙女”。她出生在西藏一户普通农家，童年的卓玛与很多小伙伴一样梦想有一天走进校园，学习更多知识。受惠于国家教育援藏政策，卓玛顺利读完村小学、县中学，并于 1985 年从西北农业大学农学系毕业，进入西藏自治区农牧科学院工作。

尼玛卓玛从事的是油菜新品种的科研工作。从选育项目到科技培训，再到成果转化，她不辞辛苦，常年顶着严寒酷暑，奔波在西藏各地的田间地头。她说：“作为一名农业科技人员，我一直想的就是怎样能解决农民的困难，怎样把西藏农业科技水平提升上去，让西藏的农业发展与全国同步，这是我为之奋斗的目标。”

早春的西藏，春寒料峭，这时的尼玛卓玛最担心的就是低温给油菜苗带来的冻害。每天，她很早就要起床观察天气，考察低温对油菜的影响。而每到夏季，她要顶着烈日在田间做大量油菜杂交试验，为了选育更好的新品种，时常连续在田间工作超过 8 小时以上。她每年还要花两个月时间下乡调研，了解西藏不同海拔高度区域种植的油菜新品种生长情况，及时解决油菜生长期出现的新问题。

由于西藏地区生态类型复杂，选育出的大多数品种只适合在海拔 3600 米范围内种植。针对这一情况，尼玛卓玛带领课题组以甘蓝型春油菜育种研究为重点，从国内外引进大量的甘蓝型油菜品种与本地资源进行杂交，培育出西藏第一个优质高产的甘蓝型油菜品种——“藏油 5 号”。该品种的选育和推广应用，提高了油菜主产区的单产，改善了菜籽油的品质，成为首个被食用油加工企业定为生产原料的油菜品种，获得了西藏自治区科学技术一等奖。

30 多年的执着与努力，使尼玛卓玛成长为一名优秀的农业科技工作者，并担任了西藏自治区农牧科学院农业研究所副所长。而最让她开心和感到幸福的，还是她的科研成果能转化为群众口袋里实实在在的财富。

如今，59 岁的尼玛卓玛已经退休，正享受着幸福家庭的日常和快乐。

（来源／西藏自治区妇联　编辑／中国妇女杂志社　柳亚敏）

薛 莹：金牌女工是这样炼成的

致敬词

她是从航空装备生产一线成长起来的大国工匠，带领“薛莹班”走上技能成才、技能报国之路，见证中国航空工业的崛起，赋予“工匠精神”更高的科技含量，为建设制造强国贡献巾帼力量。

薛莹：生于1973年。中航西安飞机工业集团股份有限公司国际航空部件厂“薛莹班”荣誉班长，被聘为航空工业首席技能专家。党的十八大、十九大、二十大代表。获评全国三八红旗手标兵、全国道德模范。她所带领的“薛莹班”被评为全国三八红旗集体、全国工人先锋号、全国五一巾帼集体。

薛莹说，作为航空人，最让她期盼与骄傲的，就是在每一次重大历史时间节点上，仰望空中梯队受阅的时刻。想着亲手抚摸过的飞机此时正受到全国人民、全世界的关注，那种自豪感瞬间被点燃！

1992 年，薛莹从西飞技术学院（西飞技师学校）毕业，走进了中航西安飞机工业集团股份有限公司国际航空部件厂（简称西飞国际航空部件厂），被分配到当时波音 737-300 垂直尾翼可卸前缘班（2005 年命名为“薛莹班”）。初出校门就有机会接触到外协产品，对年轻的她来说无疑是严峻的考验，同时，也加速了她的成长。

在全球航空工业高精尖技术挑战面前，风华正茂的薛莹和姐妹们将智慧、专注和女性的美丽，绽放在她们亲手装配的产品之中。零件区内的前缘组件在她和团队呵护下，犹如一件件艺术品，细腻平整、富有光泽……

“保证每一个细节的完美落实，是班组的核心使命。”薛莹以身作则，对团队的每一名成员都细心传授，做好传帮带。如今，她带出的徒弟都已成为生产一线的骨干。在出色完成生产任务的同时，薛莹总是不忘从工作中总结经验，寻找途径优化生产流程，提高产品质量。

波音 737-700 垂尾前缘装配质量攻关被列为西飞国际航空部件厂的

重点项目，从第400架份以后，外商不允许有任何程度的打磨，这对她们来说是一个很大的挑战。她们经过3个多月对锪窝钻、窝头、钻头等工具进行改进，对工件采取保护措施，无数次日日夜夜的试验，最终达到了不划伤产品的要求，使产品质量与进度有了保证，同时生产效率提高了25%。

美国波音公司代表提出用小于5磅的推力，使重达60多千克的前缘组件上300多个螺钉孔完全和前梁上所有孔同心。在薛莹的主导下，攻关小组成立，对每个前缘组件反复拆装除应力，一天在5台不同工装上抬上抬下30余次，最终通过40个日夜的试验，达到了用户质量要求，实现了用一个手指的力量就能把前缘装配到垂尾上，赢得了美国波音公司赞誉。“为世界插上翅膀”“让世界享受中国人的航空制造”，这是薛莹和她的制造团队一贯秉承的理念。

30多年来，西飞国际航空部件厂先后试制生产了加拿大航空公司、意大利航空公司、美国波音公司、欧洲空中客车公司等世界著名航空制造企业的飞机零部件等近40个品种项目。在“薛莹班”的努力下，转包产品已由过去结构简单、批量小的金属结构向结构复杂、批量大的复合材料部件转变，以大型机翼制造为核心竞争力的格局初步显现。

经过三代航空人的砥砺前行，西飞还诞生了我国大型运输机运-20，这份荣耀也熔铸了中国女科技工人的一份辛劳。“我只是一个小小的音符，只因与航空人共同合奏航空工业大发展的交响曲，才升华了我存在的意义。”薛莹，用自己的一言一行书写了“工匠精神”，用技能报国的情怀托举起更高更远的“航空梦”。

（文／中国妇女杂志社　王晓艳）

刘彩华：
2 亿斤粮加冕“种粮大王”

致敬词

昔日高考落榜生，今日农民女状元。她是从“黑土地大学”走向国际的现代新型女农人，勇蹚现代化农业新路，牢牢守住中国饭碗。

刘彩华：生于 1969 年。黑龙江省哈尔滨市双城区周家镇东跃村农民，是拥有 100 多台（套）大型农机具的全国种粮大户。获评全国三八红旗手标兵、全国种粮售粮大户、全国十大农民女状元、全国创先争优先进个人等。

1986 年，刘彩华的起点只是一个高考落榜的高中生，她毅然决定走进“黑土地大学”。看到农民年复一年“汗滴禾下土”却挣不了几个钱，爱读书的她从《黑龙江农村报》上汲取了大量农业知识和资讯。她隐约觉得，农业的现状是“种子和技术的问题”。凭借报纸上的地址，刘彩华来到东北农业大学，三步并作两步，敲开了 222 号办公室淡蓝色的门。

“房间里，正在跟学生讨论问题的沈昌蒲先生，是我国著名的耕作学专家。当他看到我这么一个又瘦又小的农家女，主动找上门求教，非常高兴。”沈昌蒲给刘彩华介绍了最新的农业技术、发展前景和国际动态，让她大开眼界。从此，她找到了这一生的奋斗目标。

次年春天，刘彩华就按沈昌蒲先生的推介，在东北农业大学选购了玉米种子进行播种。秋天，地里结出了穗大饱满的玉米，当年亩产增产两三百斤，在屯里引起了不小的轰动。就这样，刘彩华毫无保留，把自己学到的新技术、新理念传给大伙儿，还带领乡亲们一起去买种子。谁家的西瓜生了病，她就带上西瓜秧骑车几十里到黑龙江省农业科学院园艺所找专家诊断。谁家的小牛有病、母牛难产，她也带着乡亲去东北农业大学动物医院给家畜看病。年纪轻轻，她积极探索、大胆实践，引进新品种新技术，有科研院所做后盾，她成了村里的主心骨、领头雁。

1998 年，刘彩华开始与东北农业大学合作，为大豆研究所繁育“东农298”大豆良种，繁育面积200亩，回收价格比市场价格每斤高出0.15元。此后，刘彩华买下200亩耕地，率领农户繁育大豆种子，到现在已繁育大豆良种近5000吨，成为带领村民靠繁育种子挣钱的第一人。“别人说知识就是力量，我要说知识就是产量！”刘彩华铿锵有力地说。

2009年，刘彩华成立双城市良农谷物种植专业合作社，带领农民种植绿色玉米、有机水稻，繁育大豆种子、鲜食黏玉米等优良品种，探索出了一条绿色可持续发展的农业创新之路。两年后，合作社的种植面积就达到了5000亩，产粮720万斤，总产值超过千万元，辐射带动2000多户农民共同致富。刘彩华因此被国务院授予全国种粮售粮大户，奖励一台东方红1104拖拉机。2012年，刘彩华又与双城市（现为区）政府签署协议，自主承包和经营双城市高产高效农业示范园区的1.03万亩土地，她从基层农民变身为国家现代农业园区的首席执行官。

多年来，凡遇到与农民切身利益相关的问题，刘彩华都会挺身而出、奔走疾呼。2014年5月，她参加了亚太经合组织（APEC）妇女与经济论坛。同年8月12日—14日，在2014年亚太经合组织（APEC）粮食安全政策伙伴关系机制（PPFS）高级别对话会议上，刘彩华作了题为《女性与粮食安全》的精彩发言。“APEC会议是部长级会议，自1989年成立以来，从来没有农民参加，我觉得这是中国女农民价值的最好体现！”

36年来，刘彩华累计生产粮食约2亿斤，她的农业示范园区种植面积达3万多亩，拥有大大小小农业机械100多台（套）。如今，刘彩华的示范园区已发展成为现代化高效农业的集约化经营新平台，带领乡村姐妹们共同发展的致富社，更成为政府保障菜篮子、米袋子的压舱石和稳定器。

（编辑／中国妇女杂志社 张姿）

龚全珍：永葆本色，一心为民

致敬词

一生追随革命、爱情和信仰，辗转于战场、田野、课堂……她以毅然决然的姿态，选择了革命之路；以至死不悔的信念，在一心为民的奋斗中，书写共产党员的赤诚本色。

龚全珍：生于1923年，2023年去世。开国将军甘祖昌夫人，退休前为江西省萍乡市莲花县甘家小学校长。获评全国三八红旗手标兵、全国道德模范、全国优秀共产党员、“最美奋斗者”、感动中国2013年度人物等。其家庭入选第一届全国文明家庭。

100 岁，71 年党龄，从大海之滨到祖国西北，从天山脚下到井冈北麓，从大学到军营，从部队到农村，踏遍大半个中国，历经近一个世纪。龚全珍在日记里写道：“我这一辈子没干别的事，就是当教师。教师是个值得骄傲的职业，要有很大耐心。要改变一个孩子不是很容易的事。”

1986 年 3 月 28 日，甘祖昌因病在江西省萍乡市莲花县逝世，在生命的最后时刻，他的遗嘱是：“等领了工资，要先交党费，留下生活费。其余的，全部用于买农药、化肥，支援农业。”

秉承将军遗志，龚全珍默默地做着为人民服务的事。离休后，她虽然离开了教育岗位，但总觉得自己还有很多事应该做。她在日记里这样写道：“我要把祖昌这样一个真正的共产党人的高尚情操和品格宣传出去，用这笔宝贵的精神财富哺育我们的后代。”

放学后，在莲花县琴亭小学操场的树荫下，孩子们围坐在白发苍苍的龚全珍奶奶身旁，听她讲革命传统故事……早些年，这样的画面，经常在琴亭小学出现。

除了在莲花县中小学巡回讲课外，龚全珍还把视线投注于更广大的人群。几十年来，没有人数得清龚全珍去了多少地方、作了多少报告，但大家都记得，她从不要一分钱报酬，还经常自带馒头或面包，就着白开水当午饭。

一场场生动精彩的报告，书写着龚全珍闪光的名字。对这一切，龚全珍日记里的话语却很朴素："我是一名共产党员，属于我的时间已经不多了，更要珍惜宝贵的时间，多做对社会有益的事。"

萍乡市第三中学教师彭艳峰说："我最早认识龚奶奶是在1995年。能认识她，是我和我全家的幸运。"当年，彭艳峰的父亲患病无法工作，母亲尹韵娇遭遇下岗，全家人的生活陷入困顿。龚全珍拿出500元作为启动资金鼓励尹韵娇做点儿小生意。2005年，尹韵娇不幸患了白血病，又是龚全珍拿出4000元钱帮他们一家渡过难关。

龚全珍帮助过的人不计其数。据不完全统计，她捐赠资助困难家庭、困难户10余万元，受助家庭30多户、受助者100多人。而她本人的月收入不过是3000元的离休金。

2013年4月，四川雅安发生地震，龚全珍积极捐款捐物。她在日记中写道："假如很多人帮助，力量就更大。我们应该伸出援助的手，尽一分力，这是共产党员应尽的义务。"

多年来，龚全珍始终铭记丈夫的话："活着就要为党和人民做事情，做不了大事就做小事，干不了复杂重要的工作就做简单的工作。"活着就要为党和人民做事情，这是至真的精神，更是至诚的信仰。

（文／陈艳伟　编辑／中国妇女杂志社　柳亚敏）

2014

全国三八红旗手标兵

樊锦诗	敦煌研究院名誉院长、研究馆员
张永莲	中国科学院院士，中国科学院分子细胞科学卓越创新中心（生物化学与细胞生物学研究所）研究员，我国性激素作用原理研究领域的重要开拓者，分子内分泌学家，中国医学科学院学部委员
邓迎香	贵州省黔南布依族苗族自治州罗甸县沫阳镇麻怀村党支部书记
荀笑红	曾任黑龙江省哈尔滨排水集团荀笑红班组班长，现为哈尔滨排水集团党员志愿服务队队长
李兰贞	天津天一建设集团有限公司总裁
王红心	河北省沧州市公安局四级高级警长
马恒燕	宁夏回族自治区银川市二十一小学党总支书记
武秀君	辽宁省本溪市本溪满族自治县南甸镇滴塔村农民
郁霞秋	长江润发集团有限公司董事局主席、总裁，长江润发健康产业股份有限公司董事长，江苏省张家港市金港镇长江村党委书记

新时代
巾帼楷模

樊锦诗：敦煌的女儿

从未名湖到莫高窟，从风华学子到耄耋老人，她扎根大漠，静守敦煌，被誉为“敦煌的女儿”。择一事，终一生，六十载潜心石窟考古研究，她是我国文物有效保护的探索者和实践者，为世界文化遗产敦煌莫高窟永久保存与永续利用作出重大贡献。

致敬词

樊锦诗：生于1938年。敦煌研究院名誉院长、研究馆员。荣获“改革先锋”“最美奋斗者”称号、“文物保护杰出贡献者”国家荣誉称号。第八至十二届全国政协委员。获评全国三八红旗手标兵、全国道德模范、感动中国2019年度人物、联合国教科文组织杰出贡献奖等。

“此生命定，我就是个莫高窟的守护人”，这行字印在樊锦诗的自传《我心归处是敦煌》的封面上。

半个世纪的风沙磨砺着莫高窟，也磨炼着樊锦诗，从未名湖到莫高窟，从风华学子到耄耋老人，她静守敦煌，走遍了莫高窟的每一个洞窟，看遍了每一幅壁画和每一尊彩塑。谈起当年的选择，她很淡然：“与其说是我选择了敦煌，倒不如说是敦煌选择了我。”

在樊锦诗和几代莫高窟人的努力下，“敦煌在中国，敦煌学在国外”的历史被改写。樊锦诗完成了敦煌莫高窟北朝、隋及唐代前期的分期断代研究，成为学术界公认的敦煌石窟分期排年成果；主持编写的《莫高窟第 266 ～ 275 窟考古报告》是国内第一本具有科学性和学术性的石窟考古报告，为其他石窟寺遗址考古报告的撰写提供了借鉴。1987 年，莫高窟作为我国首批申请的世界文化遗产项目之一入选《世界遗产名录》，申报材料全部由樊锦诗手写。此后在她的推动下，一系列保护条例和保护规划出台。

樊锦诗于 1963 年从北京大学考古专业毕业，刚到敦煌莫高窟时，洞内是神仙世界、艺术殿堂，洞外是飞沙走石、黄沙漫天。但她并不觉得孤单，为了同一个理想，一群群风华正茂的青年从祖国各地奔赴敦煌，在这里一待就是几十年，甚至一辈子。

近几年，无论走到哪儿，樊锦诗都在为莫高窟代言，她谈的最多的是“数字敦煌”。借助于新兴科技和“互联网 +”，古老的莫高窟获得了保护利用的新机遇，也让樊锦诗和同事们看到了敦煌瑰宝永续传承的新希望。

2014 年，樊锦诗在敦煌研究院成立 70 周年座谈会上总结提出了“莫高精神”，其核心内涵就是“坚守大漠、甘于奉献、勇于担当、开拓进取”。

2015 年，樊锦诗卸任敦煌研究院院长，担任名誉院长，依旧留在敦煌莫高窟继续工作。樊锦诗说，要保护和传承好传统文化遗产，以后的任务还有很多，需要做的事永远也做不完。她曾跟大家开玩笑说，如果她有一天走了，就留一句话，“我为敦煌尽力了”。

工作时，每年她会从自己的工资里拿出 1 万元，捐给中国敦煌石窟保护研究基金会，前后坚持近 30 年；每次获奖的奖杯、奖章与奖金也都交给了敦煌研究院。

2023 年 5 月 4 日，北京大学 125 周年校庆日，樊锦诗回到母校，捐款 1000 万元设立樊锦诗教育基金，用以支持北京大学的敦煌学研究。2023 年 7 月 10 日，樊锦诗从事敦煌文物工作 60 年座谈会在敦煌莫高窟举行，樊锦诗再向中国敦煌石窟保护研究基金会捐资 1000 万元，用于敦煌文物事业发展和急需人才培养。樊锦诗的两次捐款全部来自她所获奖金及个人积蓄。当天还举行了“樊锦诗星”命名仪式，经国际天文学联合会小行星命名委员会批准，国际编号 381323 小行星被正式命名为“樊锦诗星”。

“白天想敦煌，晚上梦敦煌，只要一息尚存，就要为敦煌努力。”这就是樊锦诗：择一事，终一生；心归处，是敦煌。

（文 / 中国妇女杂志社　王晓艳）

张永莲：
做第一个到达山顶的人

致敬词

沉心科研的坚守、不惧挑战的勇气、誓争第一的气魄，陪伴她一路走来，成为中国性激素作用原理研究领域的重要开拓者，为提高中国在生命科学研究领域的国际地位作出了积极贡献。

张永莲：生于 1935 年。中国科学院院士，中国科学院分子细胞科学卓越创新中心（生物化学与细胞生物学研究所）研究员，我国性激素作用原理研究领域的重要开拓者，分子内分泌学家，中国医学科学院学部委员。荣获中国科学院自然科学一等奖、国家自然科学二等奖。获评全国三八红旗手标兵、全国劳动模范、上海市科技功臣等。

1957 年 9 月，张永莲从上海复旦大学化学系有机化学专业毕业，填写志愿时，她在三个选项里写下了同样的两个字：科研，科研，科研。但在哪儿从事科研，她没填，她觉得只要是科研，去哪儿都行。

毕业后，张永莲被分配到中国科学院原生理生化研究所。工作的前 20 年，她一直奋斗在国防科研领域，直到 1978 年年底，集体转入性激素作用原理研究，探究激素这一小分子信号如何调控基因表达这一复杂生命现象的基础问题。

1983 年，张永莲前往英国帝国肿瘤研究基金会分子内分泌实验室，学习基因调控的先进理论与技术。出国后，张永莲深感我国整体科研水平落后得太多，强烈的民族自尊心让她决心要研究出名堂，为国争光。

也就是在那时，张永莲深感自己有了从“小我”到“大我”的思想转变，不再拘泥于把细节做到完美，而是要争做第一个攀登到山顶的人。1985 年回国后，她遵循一个思想：不甘落后，敢于竞争；不满足于追赶，更要勇于超越。

“中国作为人口大国，不能停留在新产品的使用上，更应贡献出一些原创性的成果。”秉承这样的信念，张永莲考虑到人口与健康是国计民生的头等大事，且发展男性避孕药是 21 世纪发展趋势，便带领团队从雄激素调控基因转录的机制研究转战到精子发生和成熟的分子机制研究上，致力于寻找男性避孕药的突破口。

搞科研，张永莲不喜欢重复，希望做别人没做过的事，选择富有挑战性、难度高的课题。张永莲发现，虽然精子在睾丸中生成，但必须经过睾丸旁边的一个组织——附睾，精子才会得到运动、授精等功能。如果能在附睾中找到影响精子成熟的开关，如使精子不会动或无法与卵子结合，就可以发展为不伤害其他细胞的男性避孕药了。

过程是艰难的，当一无所获时，张永莲也曾焦虑难耐，连做梦都在做实验。午夜醒来，她便把梦里的想法记录在随手抓到的信封、纸片上。就这样，张永莲专注科研、埋头苦干、苦乐参半。终于，功夫不负有心人。

2001 年，论文《在大鼠生殖系统中的一个抗菌肽基因》在《科学》杂志发表后，各国媒体纷纷报道。“中国科学家的这项研究，为 21 世纪追逐‘既能避孕又能防止性传播感染药物的发现’这一梦想带来了可能，开辟了道路。”《科学》杂志的这番评论，阐述了张永莲研究组工作的意义。

考虑到一个团队的力量是有限的，在 2007 年，张永莲主持成立了上海市男科学重点实验室，将基础研究与生物学重大问题相结合，带领更多年轻人共同将我国生殖生物学研究和应用推向世界前列。

如今已经 88 岁的张永莲，依旧奔跑在基础科学和临床结合的道路上，与年轻人共同前进，让更多百姓和家庭受益。

（文／徐嫩羽　编辑／中国妇女杂志社　申敏夏）

邓迎香：当代“女愚公”，开一条希望路

致敬词

她是当代“女愚公”，带领村民用钢钎、锤子凿出一条长216米的山中隧道，连通了山村通往外界的希望，用艰辛汗水和铿锵誓言，在打赢脱贫攻坚战的征途上竖立起一座丰碑。

邓迎香：生于1972年。贵州省黔南布依族苗族自治州罗甸县沫阳镇麻怀村党支部书记。获评全国三八红旗手标兵、“最美奋斗者”、全国劳动模范、全国优秀共产党员、全国脱贫攻坚奖奋进奖等。

贵州省黔南布依族苗族自治州罗甸县沫阳镇麻怀村，地处与世隔绝的大山深处，从 1999 年开始，邓迎香和乡亲们凿山开路，修出了一条与外界连通的人工隧道。从此，麻怀村人走出了那片经年生活的闭塞“天坑”。

20 多年前，邓迎香不顾家人反对，义无反顾地从“米箩跳进了糠箩”——嫁进了四面环山、没公路、不通电的麻怀村。婚后第二年，儿子出生了。孩子还没满月，突然得了急病，邓迎香与丈夫袁端林连夜打着手电筒把孩子往山外的乡镇医院送，可还没翻过山，孩子就没了呼吸。几年后，袁端林外出打工，不幸死于一场煤矿安全事故。儿子早夭、丈夫去世这两件事让邓迎香恨透了这封闭的大山，她深深地意识到，大山挡住的，不只是儿子的生命之路、乡亲们的致富之路，更是村里孩子们未来的发展之路！

在邓迎香眼里，山里人活得难，可最苦的还是孩子们，上学每天光来回就要在山路上耽搁 4 个多小时，到了学校，累得直打瞌睡。邓迎香深知，要让村里娃娃读好书，山里人就得换一种活法！

1999 年，国家实施的农村电网建设覆盖到了董架乡，麻怀村终于要通电了。但没有公路，电线杆和变压器根本无法运进村。为了电网进村，村委会副主任李德龙提出了挖隧道的设想，邓迎香从此变成了执着的“女愚公”，她带领村民从几乎无路可走的岩山上，开出一条长约 700

米的路。虽然打通的隧洞最窄的地方只能过一个人、一匹马，最低处人还得趴着过，但这条小小的通道对封闭已久的麻怀村来说，意义重大，让常年闭塞的山里人看到了光明和希望。隧洞打通后，电线拉进了山村，村民们从此过上了有电的生活。

11 年后，在县、乡政府扶持下，邓迎香与第二任丈夫李德林一起带着麻怀村的村民又开始了第二次挖山拓洞。她四处去“跑”钱，跑来钱就购买拖拉机、空压机、电动机等拓洞工具。为了安全，她负责守夜管理炸材，每天凌晨五点钟才能回家。在邓迎香这股“牛劲儿”的感染下，不少麻怀村的年轻人放弃了外出打工，邻村的青壮年也加入进来，大家一条心地扑在拓洞这件事上。2011 年 8 月 16 日，216 米长的麻怀隧道终于顺利通车，麻怀村及其周围村庄数千名村民的出行问题真正得到了解决。

通村公路修起来了，新房盖起来了，很多人家都用上了摩托车、农用车甚至小汽车，村里的山货被源源不断运到山外，不少人家还娶上了外来的媳妇……邓迎香又有了新的重任，她要带领麻怀村人走出一条多元化的致富路。她动员外出务工的青年们返乡创业，成立了种植专业合作社，鼓励村民进行土地流转，不仅种起了铁皮石斛和岩黄连等中药材，还制订了养殖肉牛、绿壳蛋鸡、种植果树的产业发展规划。

如今的邓迎香是全村人的精神支柱。邓迎香还说服十几个志同道合的朋友，一起成立了资助贫困学生的草根助学基金会，要让更多孩子走出大山，看看外面的世界，学好本领回乡改变山村面貌。目前，麻怀村有 70 亩的平菇种植，养鹌鹑 18 万羽，养羊 400 只，种植果树 220 亩，走出了 42 名大学生。每每想起这些，邓迎香深感欣慰：移走贫困这座“山”，山村才有未来。

（文 / 王婕　编辑 / 中国妇女杂志社　王晓艳）

荀笑红：守护城市的“地下工作者”

致敬词

她几十年如一日，坚守在排水一线，为城市血脉畅通、百姓安居乐业无私奉献。她工作在污泥浊水、阴暗潮湿的地下，却书写出一名普通劳动者最温暖明亮的人生。

荀笑红：生于1970年。曾任黑龙江省哈尔滨排水集团荀笑红班组班长，现为哈尔滨排水集团党员志愿服务队队长。党的十九大代表。获评全国三八红旗手标兵、全国优秀共产党员、全国劳动模范、全国五一劳动奖章等。

1998年，荀笑红被调到顾乡排水公司，成了下井工人中唯一的女性，也是唯一一名拥有大学学历的一线工人。一天清理几百桶泥的工作量（大约6.7吨），让很多男同事都望而生畏，她却能连续干一个月。

排水一线工作的突出特点就是“苦脏累险毒”，日常工作包括清掏养护、设施维修、抗洪抢险排涝等。当清掏班班长时，荀笑红负责的区域处于城市的核心地段，共有960座雨水井、1810座检查井，分布在66条街路上，总长度68公里。清掏工人一天要掏四五十个井，是真正的“地下工作者”。冬季零下二三十摄氏度，无论寒风暴雪，一干就是三四个小时，从井下上来，水衩被冻硬，脱下来可以立在地上。夏天炎炎烈日下，要穿着不透气的水衩钻进井下，蚊蝇滋扰、蛆虫乱爬不说，汗水浸湿衣衫如同被水浇过。

荀笑红专业过硬，争创一流。她不断学习新知识，熟练新设备，掌握新技能，练就了找井无须翻图纸、砌井可以方改圆、通管道能一钩中等多项绝活儿。

排水一线工作最易遇险，哈尔滨全市大小管道的污水最后全部要汇进方渠，因此方渠里的存泥量非常大。一次，荀笑红去掏一个双孔方渠时，几乎被冲走，幸被工友奋力救回；还有一次清理被垃圾填塞的河道时，她深陷淤泥，使劲儿拽着树枝才侥幸脱险。

“以雨为令，中雨上岗”，是多年来排水工人“铁”的纪律，他们是“暴风雨中的逆行者”。百年不遇的强台风“布拉万”侵袭哈尔滨市，荀笑红和同事在没过腰的水中，一站就是 13 小时，导致患上了急性肾炎。

最长的一次抢险，持续了一个月；最紧张的抢险，曾连续四天三宿在现场坚守，加起来总共睡了不到 8 小时。工作的超负荷运转令荀笑红疾病缠身，打封闭、小针刀、大手术，从头到脚不知动了多少次刀；急性肾炎、风湿骨病，无论哪一样都令她痛苦万分，浑身贴满膏药，吃药比吃饭还多，但她无怨无悔。

2009 年，荀笑红带出了一个全国三八红旗集体。2017 年，作为排水行业培养和输送专业人才的基地，排水集团建成了以荀笑红名字命名的维修班组，荀笑红担任第一任班长。

2020 年，荀笑红到了退休年龄，她不舍得离开工作了 30 多年的排水岗位，又挑起了单位党员志愿服务队队长的担子。

荀笑红以“舍得一身脏，换来万户净”和“坚守尽责、奉献为民”的排水精神，温暖了一座城！

（文 / 中国妇女杂志社　苏容）

李兰贞：英姿风范“中国兰”

她是与时代一同行进的城市新公民，在30余年创业、立业、成业的道路上，用自尊、自信、自立、自强，带领全体员工发愤图强、锐意进取，为企业成长、社会服务作出了应有的担当和贡献。

致敬词

李兰贞：生于1966年。天津天一建设集团有限公司总裁。获评全国三八红旗手标兵、全国劳动模范等。

1992 年，李兰贞带着十几名老乡，从浙江绍兴到天津务工，起步十分艰难。跑工程，人不理；干工程，没资金。天一集团创业早期，只有一间 10 平方米大的办公室。条件虽然差，但李兰贞坚信，只要努力，就一定可以闯出属于自己的一片天地。

经过摸爬滚打式的艰苦奋斗，终于迎来了第一个“天一十年”。李兰贞幸运地遇到了自己人生中最大的贵人——数学大师陈省身先生。她清晰地记得第一次拜见陈老时的情景：“当时我真是战战兢兢、不知所措，人家可是一个国际数学大师啊。但陈老说了一句‘你的工作我做不了，我的工作你做不了，我们俩是一样的’，顷刻化解了我心中所有的尴尬与距离。”

李兰贞时刻都用这句话提醒自己：人与人之间绝无三六九等，任何人都值得被尊重。同样，无论公司做到多大都只是一个方面，重要的是，要看公司为社会贡献了什么。2006 年，天一集团承建的省身楼荣获中国建筑领域中的最高奖——中国建设工程鲁班奖（国家优质工程）。李兰贞用实际行动兑现了对陈省身先生的承诺。

李兰贞时刻以党员标准严格要求自己，她常用企业几十年发展实绩向员工阐明，只有在党组织的坚强领导下，弘扬艰苦奋斗、务实干事的精神，才能引领企业行稳致远。她作为党委委员，带领党委一班人持之以恒抓基层党建工作，认真领会党的方针政策，将党的方针贯彻于企业的经营发展中。积极参加“党日活动”，对集团基层党务干部实行月度津贴制，使党务干部有身份、有待遇，充分调动基层党务干部工作的积极性、主动性和创造性。

如今，李兰贞带领的天一集团致力于为城市建设提供全优化品质、全产业运维、全生命周期的固定资产增值服务，业已形成立足天津，面向京津冀、珠三角、长三角和西北区域业务发展的全国化战略布局。在我国的教育卫生、航天航空、商业贸易等公共建设领域，集团取得了不断进步的佳绩，先后荣获鲁班奖、国家优质工程奖及省部级等优质工程奖项达 1600 余项。

“芷兰生于深林，非以无人而不芳。”李兰贞始终不忘承担社会责任：在汶川地震后，她第一时间召开动员大会，带头捐款捐物，筹集 206.8 万元捐款；为公司的川籍人员请来心理专家进行心理疏导，并启动财务特别程序，提前为川籍员工预付工资，发放特别补贴，感动了所有员工。在全国抗击新冠疫情期间，她全天候线上线下联络抗疫物资，第一时间向湖北省慈善总会、天津市红十字会、天津市西青区红十字会等有关单位捐赠防护服、口罩等抗疫物资和救助资金。在支持教育发展事业上，她带领企业先后在清华大学、天津大学、南开大学、河北工业大学等多所高等院校设立奖学金，助力青年学子成长、成才。

李兰贞珍藏着一首陈省身先生专门赠予她的诗：“飘零纸笔过一生，世誉犹如春梦痕。喜看家园成乐土，廿一世纪国无伦。”她说，这是陈老的梦，也是她的梦。“我当竭尽所能，做好企业，服务社会，贡献国家，用行动书写产业报国、实业兴邦的巾帼华章，为实现中华民族伟大复兴的中国梦而奋斗。”

（编辑／中国妇女杂志社　杨华）

王红心：
“红心”为民正青春

从警 30 年，她以人心换人心，警心换民心，为维护社会和谐稳定奉献心力；她关爱他人，真情帮教，让 200 多名失足少年迷途知返。“红心”既是她的名字，更是她一心为民的底色。

王红心：生于1968年。河北省沧州市公安局四级高级警长。党的十九大代表。荣立二等功4次。获评全国三八红旗手标兵、全国道德模范、全国最美志愿者、全国优秀人民警察等，荣登“中国好人榜”。

熟悉王红心的人都知道，别看这位市公安局四级高级警长今年已经50多岁了，但无论是工作中还是生活上，她为群众办事的热情、带领志愿者做公益的激情，始终是正青春的样子。

作为一名人民警察，王红心先后从事过公安预审、政工等工作。干一行、爱一行，她发动社会力量参与公安优抚，共同关爱因公牺牲民警家属、因公致残民警和困难民警，得到社会广泛认可。

尽管时隔多年，王红心仍记得刚到沧州市公安局刑警支队任政治处主任分管信访工作时，接到的一个已经上访40年的“大案子”。为解决这件上访积案，王红心查阅资料、拜访律师，一年多时间里不知道多少次到上访人家中走访，终于化解了这场历时近半个世纪的上访案，而王红心和已经67岁的上访人也成了朋友。“之所以能焐热上访人的心，我想，靠的就是一个‘真’字。真诚去面对他的问题，不推、不躲；真心去和他沟通，不小瞧、不轻视；真正去为他办事，把他当作自己的家人一样尊重。简单地说，就是人心换人心，警心换民心。”王红心说。

工作之余，王红心经常到基层调研，了解社情民意，解决群众急难愁盼问题，化解矛盾纠纷，消除社会隐患。2020年7月，她发起成立矛盾纠纷化解志愿服务小组，组织律师、心理咨询师利用晚上或周末时间，调处矛盾纠纷。在一次走访辖区村庄时，王红心得知有户人家因土地分配闹了5年纠纷，兄弟阋墙失和，甚至动过斧子。王红心带领志愿者9次上门劝说调处，经过3个多月的努力，这起因土地纠纷引起的家庭危机终于得到解决。

像这样的事，王红心帮助化解了很多。这些年，她和志愿者团队以沧州红心志愿服务协会为主体，先后启动未成年人心理健康辅导中心、红心妇女讲习所等12个专业化志愿服务平台，服务对象涉及妇女、儿童、老人、公安英烈家属等，凝聚起各行各业志愿者3000余人，升起一面弘扬正义、传递温暖的旗帜。沧州红心志愿服务协会先后获评“河北省十大优秀志愿服务组织”“河北省杰出青年志愿服务集体”“全省十大巾帼志愿服务品牌”等。王红心也当选了全国道德模范。

如今，王红心依然三天两头往基层跑。农村老太太拿她当闺女，姑娘、小伙儿把她当大姐，她喜欢这些角色：“群众有难事，都希望我能帮一把。”

尽管王红心工作非常紧张忙碌，但她内心有一份难得的宁静，每天都挤出时间写下心得。近年来，她先后发表通讯、散文等40余万字，还出版了散文集。其中针对青少年犯罪预防和矫正方法的《震撼与警示》系列报道，引起了社会各界的强烈反响。

从警30多年来，王红心始终忠诚履职、敬业奉献，积极投入社会治理当中。在王红心的书柜里，满满的一排红色证书格外惹眼，这近百本荣誉证书，正是王红心从警生涯的真实写照。

（来源／河北省妇联　编辑／中国妇女杂志社　杨华）

马恒燕：
成为孩子生命中重要的人

致敬词

教好一个孩子，幸福一个家庭；办好一所学校，惠泽一方百姓。她秉着这样的初心做教育，甘做照亮孩子成长之路的提灯人、教育公平的践行者。

马恒燕：生于1965年。宁夏回族自治区银川市二十一小学党总支书记。第十三届全国人大代表。获评全国三八红旗手标兵、全国优秀辅导员、全国一级星星火炬奖、全国十佳小学校长等。

30 多年前，马恒燕是一名小学体育教师。当时，学校的条件十分艰苦，寒冷冬日，马恒燕总是心疼地把小手皴裂的孩子带进办公室，帮他们洗干净、抹上油，再捂在自己的棉衣里。孩子们都喜欢这个“大姐姐”。32 岁那年，马恒燕挑起了校长的担子。

2009 年，马恒燕被派往新建的银川二十一小学湖畔分校工作。在这里，她总结提炼出“灵韵教育”办学模式。“灵动课堂”、教学沙龙研讨、教师顶岗游学……增长了教师们的见识和智慧；《小鱼儿》校报、电视台、学唱京剧秦腔、读书节、童话节、艺术节、科技节……丰盈了孩子们的精神世界。每个期末，孩子们都能捧着奖状回家，“体育星”“艺术星”“阅读星”“孝敬星”，每个孩子的脸上都散发着自信的光芒。

“教育公平是最大的社会公平，每个孩子都能得到学校的重视，是教育公平的起点。”马恒燕说，重视每一个孩子，就是要善于发现每一个孩子的闪光点，她说教师就像是学生的“第二任父母”，要真正成为孩子生命中重要的人。

2018 年，马恒燕当选第十三届全国人大代表。在当年全国两会的“代表通道”上，她分享了宁夏回族自治区中卫市中宁县宽口井希望小学学生柯原的信被航天员景海鹏“选中”朗读的故事——

“‘我们是一群来自大山里的孩子，我们梦想有一天，让每一个地球人，都能通过太空邮局听到我们的歌声。’写这封公开信的小女孩，就是宽口井希望小学的柯原同学。”马恒燕说，“是什么让这位小女孩走出大山，与航天员对话？那就是‘互联网＋教育’。苔花如米小，也学牡丹开。作为人大代表，我希望国家继续加大对宁夏‘互联网＋教育’的支持。我坚信，随着国家新一代互联网工程的提速增效，宁夏会有更多的孩子像柯原一样，尽管生活在大山里，却依然拥有实现梦想的翅膀！”

“人民选我当代表，我就要为老百姓解难事、办实事。”这是马恒燕时常挂在嘴边的话。“双减”政策实施后，马恒燕看到一线教师工作量增加，呼吁减轻教师负担并提供有效激励与保障，让教师付出有回报，让更多人愿意留在教师队伍里。这样的“鼓与呼”还有很多：规范管理“小饭桌”和“托管中心”，解决家长们的后顾之忧；增加教师编制，解决学校教师短缺困难；加强学生法治意识，加大对未成年人保护和预防未成年人犯罪力度……

马恒燕说，推进教育公平没有终点，未来她会一如既往为实现教育均衡、促进教育公平而努力，让每个孩子都能享受公平而有质量的教育，让教育公平的阳光温暖更多人。

（文／徐嫩羽　编辑／中国妇女杂志社　申敏夏）

武秀君：夫债妇偿，守望诚信

致敬词

人世沧桑，她含泪坚强；诚信如山，她一诺千金；她以“欠债还钱，做人本分”的朴素认知和行动，彰显弘扬了“人以信而立”的中华优秀传统美德。

武秀君：生于 1962 年。辽宁省本溪市本溪满族自治县南甸镇滴塔村农民。第十一届全国人大代表。获评全国三八红旗手标兵、全国道德模范等。

武秀君和丈夫从事建筑施工生意多年，凭借诚信经营，树立了良好的商业信誉。2002 年，丈夫突遇车祸离世，留给她的是病弱的老人、幼小的孩子，还有以丈夫个人名义欠下的 270 多万元外债，其中有欠银行的，有欠农民工的，也有欠材料供应商的。

“不能让丈夫死后被人戳脊梁骨”，武秀君在承受巨大痛苦的同时，挑起了家庭和债务的双重重担，走上了替夫还债之路。她一一打电话给债权人留下自己的电话号码，并将丈夫的欠款签字全部改成她的名字。账目不清，她打电话重新核对；没有找她要账的人，她主动打电话承诺一定要把欠款还上。“请放心，赵勇欠的债，我用一辈子来还；这辈子还不上，我还有两个儿子，他们接着还！”

武秀君原想先把别人欠她丈夫的钱要回来还债，没想到，一个单位去十几次还是空手而返。看来靠要债来还债是指望不上了，她决定自己想办法去赚钱。她四处打工，做最苦的活儿，但挣来的钱寥寥无几。后来，她诚实守信的行为感动了丈夫的朋友们，在他们的帮助下，成立了工程队，继续丈夫生前的事业——承揽工程。

只有小学文化的武秀君，每当夜深人静，就拿出丈夫留下的有关建筑行业的书籍，以及现场施工记录和工作日记，一点一点地学。白天，她就去找丈夫生前工程队的施工员、技术员，跟着学习工程施工、管理等知识。她从不在人前流泪，难过的时候就在心里对自己说：困难是暂时的，没有过不去的河，也没有闯不过去的关。她是包工头，却在工地照样挽着裤腿做饭、刷桶……干小工的活儿，风吹日晒，汗流浃背，就为能省下一分工钱，多还一点儿债。

当武秀君拿到自己赚的第一笔3万元工程款时，第一次觉得看到了希望。就这样，5年里，她还了数百笔共计202万元的债务。2008年“5·12”汶川地震，武秀君在捉襟见肘的情况下还是捐出了3000元善款。

武秀君的事迹被多家媒体报道。2006年，武秀君被本溪市评为文明市民，同年又被评为本溪市十大公德人物。2007年，在以“道德的力量”为主题的全国道德模范颁奖晚会上，武秀君当选全国诚实守信模范。2008年，武秀君当选全国人大代表，同时入选北京奥运会火炬手，完成了圣火传递的光荣使命。2009年3月，武秀君终于还清了全部欠款。第二年，她发出倡议，呼吁全国的企业加入信用联盟，以诚信立业。

“欠债还钱，这是做人的本分。”面对赞誉，武秀君用再普通不过的语言，诠释了什么叫“诚信”！

如今，武秀君建起一家豆芽加工厂，组建了农民合作社，带领大伙儿共同致富。她热衷公益，修路、资助贫困学生，帮助福利院的残疾孩子……继续将诚信与爱心传递下去。

（编辑／中国妇女杂志社　苏容）

郁霞秋：打造“长江传奇”的“长江女儿”

致敬词

她是长江村的女儿，打造新时代鱼米之乡的“长江样板”，升级高质量发展的“长江引擎”，展现“强富美高”现代化建设的“长江图景”，唱响了共同富裕的长江之歌。

郁霞秋：生于1963年。长江润发集团有限公司董事局主席、总裁，长江润发健康产业股份有限公司董事长，江苏省张家港市金港镇长江村党委书记。党的十九大、二十大代表。获评全国三八红旗手标兵、全国巾帼建功标兵等。

在江苏省张家港市金港镇长江村 5.2 平方公里的土地上，带头人郁霞秋演绎着精彩的“长江传奇”：长江村获得全国文明村四连冠、全国先进基层党组织、全国民主法治示范村、江苏最美乡村等荣誉。

郁霞秋是村里走出去的第一位女大学生，毕业后留在城市当了医生。2001 年，事业顺风顺水的她被父亲“逼”着回到家乡当起了村官。

看似是一个无奈的选择，然而，当 2010 年长江润发机械股份有限公司登陆资本市场，成为苏州第一家上市村企，郁霞秋的父亲——长江村党委书记郁全和颇为兴奋。显然，“逼”女儿接班是一个无比正确的决定，他对女儿说：“你能把公司做上市，说明你很有能力，你来参选村党委书记吧。”当了书记的郁霞秋带领乡亲发展乡镇经济，企业从小到大，从弱到强。

“健康产业，国家需要、百姓需要，企业发展也需要”。当长江村主导产业电梯导轨市场增速放缓、企业发展遇到瓶颈时，郁霞秋想到了转型，并把目光投向了自己擅长的医疗健康领域。她围绕妇女儿童健康事业，将郑州圣玛医院和无锡怡和医院打造成医疗行业的“特色品牌”，为女性提供全方位、全周期健康关怀，让健康与美丽同行。

自 2016 年起，长江润发集团先后收购了海灵药业、山东华信等药企，完成了健康产业的布局。

2022年7月，长江健康海灵药业跻身中国化药企业TOP100排行榜，成为企业发展壮大的重要力量。郁霞秋的雄心是：优化国际业务，打开出口局面，争当抗感染药物领域全国前三名！她带领企业创新发展，坚定智能化转型升级信心，加强产学研合作，通过产业科技化、设备自动化、产品高端化、管理信息化，推动企业从“智能化车间”向“智能化工厂”升级，全面做好“智造”升级大文章。

伴随长江村村级经济的跨越式发展，2014年，郁霞秋将村医务室升级成社区卫生服务分中心，为村民提供医疗、预防、保健、康复、健康教育等卫生医疗保健服务。同时引进全数字彩色多普勒超声诊断仪、全自动生化分析仪等硬件设施，每周定期邀请无锡市三甲医院专家现场坐诊，为村民在家门口建起了医院。

富裕起来的长江村每年制定“民生十件实事”，购买大病医疗保险、解决村民员工子女读书问题、完成雨污分流、实现天然气入户……

推进中国式现代化实践，必须以实现全体人民共同富裕为目标，同步做好高质量发展。党的二十大之后，在推进产业致富的同时，郁霞秋持续加大民生投入，从关注“一老一幼”着手，建立儿童家庭教育档案、老年人居家养老服务，开展好妇女“两癌”筛查等，通过“郁金香关爱基金”，兜底保障困难弱势群体。如今，村民实现了每月有工资、退休有社保、生病有医保的生活，失地农民全部纳入城镇职工养老保险体系，全村医疗保险覆盖率达100%……成就了几代长江村人的梦想。郁霞秋实现了打造美丽长江、实力长江、幸福长江、健康长江、生态长江的目标。

（文／中国妇女杂志社　苏容）

2015

全国三八红旗手标兵

董明珠	珠海格力电器股份有限公司董事长、总裁
王桂云	山东协和学院董事长，博士，教授、博士生导师
王焕荣	退休前为河北省保定市莲池区杨庄乡西高庄村党总支书记
秦开美	湖北省潜江市浩口镇第三小学校长
王丽萍	上海电影（集团）有限公司编剧
章金媛	退休前为江西省南昌市第一医院护理部主任，现为江西省巾帼志愿服务示范站负责人
次仁卓嘎	西藏自治区拉萨市城关区地毯厂厂长
柳清菊	云南大学材料与能源学院教授（二级）、博士生导师，云南省微纳材料与技术重点实验室主任

董明珠：
逆风翻盘的“铁娘子”

致敬词

献身企业忘自我，棋行天下女豪杰。从一名普通的销售员到电器行业巨头的董事长，她逆风翻盘，成就格力的同时也成就了自己。鏖战商海，她是“铁娘子”；侠骨柔情，她是真巾帼！

董明珠：生于1954年。珠海格力电器股份有限公司董事长、总裁。第十至十四届全国人大代表。获评全国三八红旗手标兵、全国抗击新冠肺炎疫情民营经济先进个人等。

说起董明珠，大多数人对她的印象都是强硬、商业头脑高超的“铁娘子”。但鲜有人知道，董明珠在 30 岁前也有着一段相当平凡的经历。当时，董明珠在安徽芜湖一家化工研究所做行政工作，有一个深爱她的丈夫，一个聪明乖巧的儿子，一份薪水还算过得去的文员工作。

30 岁是董明珠人生的转折点，孩子只有 2 岁，丈夫却因病离世。6 年之后，她作出一个不平凡的举动：把 8 岁的儿子托付给母亲照顾，自己独自南下打工，36 岁的她成为格力最基层的业务员。

“董明珠从来不需要假期。”来到格力的董明珠是拼命三娘，凭着勤奋和努力，1992 年董明珠在安徽市场一个人卖出了 1600 万元的销售业绩，成为格力销售业绩排名第一的业务员。随后，她被调往几乎没有一丝市场“缝隙”的南京，却照样签下了一张 200 万元的空调订单，一年内，她的个人销售额飙升至 3650 万元。

在公司危难之际，她又临危受命，成为格力经营部部长，因业绩突出，董明珠很快升任销售经理。她不负众望，带领员工披荆斩棘、过关斩将，到 2022 年，格力家用空调市场占有率已经连续 18 年位居全球首位。2001 年，董明珠出任格力电器股份有限公司总裁。2004 年，她登上了美国《财富》杂志“全球最具影响力商界女性排行榜”。2019 年，董明珠带领格力打入世界 500 强，这一年格力电器为国家纳税 157.9 亿元。

从 1990 年来到珠海加入格力以来，董明珠带领格力从一个年产值不到2000万元的不知名小厂，一跃成为今天拥有国内珠海、重庆、合肥、郑州、杭州、武汉、石家庄、芜湖、长沙等和国外巴西、巴基斯坦等77大生产基地，近8万名员工的多元化、科技型全球工业制造集团。

董明珠坚持自主创新发展理念，通过核心科技与原创设计，带领格力在销售、管理、技术、质控等领域不断创新。在销售领域，董明珠独创了以质量第一、顾客至上为准则，以诚信经营、多方共赢为目标的区域性销售公司模式，被经济界、理论界誉为“21世纪经济领域的全新革命”；在管理领域，董明珠提出了“三公三讲”理念，重视人才的自主培养，并致力于自主创新体系的建设，推动格力实现从“规模驱动型”到“创新驱动型”发展的转变；在技术领域，董明珠坚持自主研发，科研投入不设上限，带领格力电器获得国家科技进步奖2项、国家技术发明奖2项、中国专利金奖3项、中国外观设计金奖3项；在质控领域，董明珠提出并组织创建了格力独有的“T9管理体系”“D-CTFP质量创新驱动环”“PQAM完美质量保证模式”及“让世界爱上中国造”的格力“完美质量”管理模式，并获得权威认可。

这些年，董明珠没有再婚，格力的事业就是她的全部。工作几乎占据了她所有的时间甚至空间，哪怕是下厨做顿饭，脑子里想的还是工作。她很少有时间陪伴儿子，但她从没说过遗憾。因为儿子从小就锻炼出很强的独立生活能力，凭实力自己找工作、自己打拼，从不跟任何人说起自己的母亲是谁。

为了格力，董明珠真可谓做到了“六亲不认”。当年货源紧张时，亲哥哥来拿货也被她拒绝了，一度被人说成“这个女人走过的地方不长草”。随着年龄的增长，她的棱角越发锐利。霸道、强硬、铁腕、女侠……这些词都成了她的标签。然而她霸气承诺“实现员工一人一套房”，让人看到了这位“铁娘子”柔情的一面。

董明珠为格力不遗余力，在她看来，庸庸碌碌的一生，就算活一百年、一千年又能怎么样呢？她说：“世界上有极少部分人，真是要以牺牲自己为代价，让更多的人过得更好。这可能就是我们所讲的价值吧。”

（编辑／中国妇女杂志社　杨华）

王桂云：满腔赤诚办教育，倾情奉献传大爱

致敬词

30 年来，她心怀梦想、脚踏实地，一路披荆斩棘、百折不挠，从一个仅有 8 名学生的学校起步，一手创办了省内领先、全国一流的民办普通本科高校。

王桂云：生于1968年。山东协和学院董事长，博士，教授、博士生导师。享受国务院政府特殊津贴。荣获全国三八红旗手标兵、全国教育改革创新杰出人物、全国关心下一代工作先进工作者等。

1993 年，王桂云大学毕业后，为实现改善乡村医疗卫生条件的梦想，决定和丈夫盛振文一起办学创业。她第一次招生，只招来 8 名学生，其中还有 2 名是自家亲戚。尽管财务压力极大，但她坚持开班，一个月后，功夫不负有心人，学生由 8 人扩展到 150 人。

说起这段往事，王桂云轻描淡写：“一个月而已，一个月之后，我们就凭信誉和质量走上了正轨。”但学校一位教师却这样感慨：“王桂云真不容易啊！”由于学校位置偏僻，交通不便，王桂云每天自己骑自行车到公交站接送教师。

是一种什么样的力量支撑着她呢？她说：“是梦想的力量！”王桂云从小生活在农村，当地医疗条件差，每次生病，妈妈总是递给她一碗姜汤。邻里乡亲生了病，不能及时得到救治。那时，她就许下一个愿望，长大了要当医生。后来，王桂云如愿考上了山东中医学院（现山东中医药大学），但毕业后她又改变了想法：“个人的力量毕竟太有限。如果我能建一所学校，培养更多的医生服务群众，岂不更好？”

她把自己的想法告诉了同样学医的丈夫盛振文，两人一拍即合，说干就干。在创业过程中，王桂云始终没有忘记办学初衷：解决农村父老乡亲看病难、看病贵的问题。2005 年开始，她在山东省卫生厅和教育厅的大力支持下，启动乡村医生免费培训项目。乡村医生来校参加培训，享受学习免费、住宿免费、生活用品免费、喝水免费、洗澡免费等待遇。截至目前，学校已连续 18 年免费培训乡村医生 3.2 万余人次。“只要学校有能力，乡村有需要，我就一直办下去，力争用最短的时间，把山东省乡村医生普遍轮训一遍。”王桂云坚定地说。

随着时代的发展，王桂云把乡村医生培训的着力点放在了助力脱贫攻坚和乡村振兴上。自 2016 年起，学校与山东省中华职业教育社联合启动“聚力乡村振兴、乡村医生免费培训”项目，逐步探索形成了“职教社出面组织、学院免费培训、乡医村来村去、服务村民健康”的“教育＋医疗”的“协和模式”，为脱贫攻坚和乡村振兴作出了积极贡献，先后被中华职业教育社和中共山东省委统战部列为专项扶贫项目和东西部院校帮扶计划项目，获国家级教学成果二等奖、省级教学成果特等奖。

从挂靠山东中医学院的中专部到 2011 年升格为普通本科高校，从单一学科发展到拥有 40 个本科专业、31 个专科专业，山东协和学院画出了一条漂亮的成长线。学校连续 3 年在山东省省属高校分类考核中位居同类院校第一名；在 2022 年度和 2023 年度中国大学软科排名中，分别位居全国民办高校主榜第二名和第一名。学校先后获评全国先进社会组织、全国毕业生就业 50 强高校、首批全国创新创业 50 强高校、首批全国深化创新创业教育改革示范校等称号，被中华职业教育社授予黄炎培职业教育“优秀学校奖”。

面对成绩和荣誉，王桂云说：“成绩属于过去，进一步提升办学水平，提高人才培养质量，为经济社会发展培养更多的高素质应用型人才，是我不断努力的方向。”

（文／中国妇女杂志社　张姿）

王焕荣：把群众放在心上的实干当家人

致敬词

37年间，她以永不懈怠的精神勇往直前，把一个名不见经传的贫困村建设成了固定资产5亿元、人均年收入3.6万元的经济强村、文化新村，书写了乡村振兴的绚丽华章。

王焕荣：生于 1954 年。退休前为河北省保定市莲池区杨庄乡西高庄村党总支书记。获评全国三八红旗手标兵、全国劳动模范、全国优秀党务工作者等。其家庭入选全国文明家庭。

20 世纪 80 年代初，河北省保定市莲池区杨庄乡西高庄村人均不到一分地，人均年收入只有几百元，村集体欠账 10 多万元。1986 年，32 岁的王焕荣当选为村支书，下大力气发展村办工业，带领村干部连续创办 8 家集体企业，实现了村民就业致富。

“困难也是机遇，再难也要坚持。”这是王焕荣常挂在嘴边的一句话。她带头从自家拿出 5000 元，党员、群众代表先后跟随，广大村民也纷纷出资，共筹集资金近 20 万元。联盟线材厂终于落成，当年就赢利 10 万元，初战告捷。此后，化工厂、轧钢厂、净水剂厂、体育设施有限公司等陆续建成，并取得明显效益，奠定了村集体经济的基础。面对新形势，王焕荣审时度势，又把发展目光聚焦在以服务业为主的第三产业上，先后建起了社区服务中心、超达双语幼儿园、超达老年护理院等多家服务企业，村集体经济进一步壮大。经过 30 年的打拼，西高庄村最终形成了二三产业协调发展、集体带动个体的经济发展格局，彻底改变了贫穷落后的面貌，成为保定市第一批小康示范村。

富起来的西高庄村实施了村民退休制度，办理了社会养老保险、兴建了养老院等，为 0 ~ 7 岁的儿童办理免疫保险、出台《学生补助奖励办法》……一项项为民政策贴心保障，让西高庄人拥有了更多的获得感、幸福感、安全感。

教师出身的王焕荣深知培养文化素养的重要性，在带领广大村民脱贫致富的同时，始终把培养新型农民作为重点工作来抓。面对村民日益增长的文化生活需求，王焕荣组建起了舞蹈队、模特队、太极拳表演队、科技服务队、志愿者服务队等各类群众性文化活动团体，组织村民自编自演了大量贴近生活、反映实际的文艺节目，让村民们在欢声笑语中受到教育和启发。

2010 年，在王焕荣的倡导下，村里成立了西高庄培育中心，每个星期六晚上组织村民参加学习。除了请专业人员授课，王焕荣提出“人人上讲堂”的号召，得到村民们的积极响应，纷纷报名上台讲课。大家通过讲述发生在家庭中、邻里间的好人好事以及自己的人生感悟，相互影响、相互学习，共同提高，共树良好家风、淳朴村风。

针对困难群体，王焕荣牵头成立了爱心基金会，党员干部和广大村民每月为基金会捐款，所筹善款全部用于急需救助的村民，让团结互助精神不断传承。西高庄村投资 400 多万元，建成了全市最大的村民活动中心，通过“人人上讲台”“人人上舞台”“人人当主持”，将正能量传递给每一位村民。“今天我以西高庄为荣，明天西高庄以我为荣”，成为全村人的共识和追求。

王焕荣说，西高庄村发展的目标，就是让群众住有所居、学有所教、病有所医、老有所得、困有所助、求有所帮。“合格的共产党员，就是要做到不怕困难，一心为民，以永不懈怠的精神勇往直前，做一个心里时刻装着群众的实干当家人。”

（来源／河北省妇联　编辑／中国妇女杂志社　杨华）

秦开美：
舍身护学子的最美女教师

致敬词

危难关头，面对歹徒，她选择代替学生留下来做人质。秦开美舍生忘死，义勇兼备，用责任与担当，谱写了一曲爱与勇气的人民教师之歌。

秦开美：生于1970年。湖北省潜江市浩口镇第三小学校长。获评全国三八红旗手标兵、全国道德模范、中国最美乡村教师、全国模范教师等。

2014 年 6 月 10 日上午，一名歹徒携带自制炸药、手枪和汽油瓶闯进正在上课的秦开美的课堂。他把汽油洒在地上，将一把一尺长的尖刀拍在讲台上，右手还握着一束雷管，左手大拇指按在打火机的开关上，气焰嚣张地扫视着全班的学生。当时秦开美正站在靠门的位置，完全有机会先跑出教室，但看到六（3）班惊慌失措、哭喊尖叫的 52 名学生，她立即镇静下来，一方面想办法稳住歹徒张泽清，另一方面努力安抚孩子们。在近 40 分钟的时间里，秦开美与歹徒展开周旋，最终说服他让所有学生安全撤离，自己留下来当人质，为警方争取了宝贵的时间。秦开美舍身护学子的英雄事迹迅速传遍全国，被网友称为“最美女教师”。

1988 年，秦开美从师范学校毕业后，被浩口镇柳洲村小学聘为民办教师。6 年后，柳洲村小学停办，浩口镇第三小学（简称浩口三小）校长主动上门聘请她到学校任教。秦开美虽然只是代课教师，但领导、同事和学生对她的评价极高，她兢兢业业、尽职尽责，课也讲得好，一直担任毕业班的班主任和语文教学工作，所带班级成绩始终居于全镇前茅，每年都会捧回一沓获奖证书。

当年的乡村教师待遇很低，月工资只有 1000 余元，全家生计只能靠丈夫在外面打工维持，但秦开美一直没有放弃她所热爱的教师职业。有一回，丈夫患病，秦开美决定辞职回家照料，但丈夫刚一痊愈，她就立即回到了讲台上。

“不教书，做什么都难受。”人质事件发生后，经过几个月的休养和心理建设，秦开美再次回到课堂上。她转正成为一名正式教师，后来又担任了学校副校长、校长。

2018年1月，时任浩口三小副校长的秦开美当选为湖北省人大代表。责任和使命让她把目光更多地投向乡村的孩子们，更深层次思考如何办好乡村教育。在她的奔走推动下，400多万元资金注入浩口三小，一举改变了校园面貌。2019年9月，她又克服种种困难，创办了浩口镇第一所普惠性幼儿园——浩口三小公办附属幼儿园，让更多乡村孩子在家门口享受优质的学前教育。

此时，上级要把秦开美调到条件更好的潜江市实验小学，但被她婉言谢绝了。她说，这里的每棵树都是我们亲手种的，我的根在农村，我的追求、事业都在这所学校！

秦开美注重将传统文化和乡村风物融入学校教学实践，浩口三小以少年宫为平台，让潜江民歌、高台舞狮、舞龙、太极拳、二胡、锣鼓等非遗文化相继进入校园，让孩子们充分感受传统文化的魅力。学校还评选出“舞狮小传承人”“潜江民歌小传承人”“舞龙小传承人”等，激发学生对传统文化的热爱。

2019年，秦开美担任浩口三小校长，她仍坚守教学一线，所带学科成绩在学校和学区总是名列前茅，所作论文《多彩非遗相伴成长》《好老师需要有担当》等获教育部一、二等奖。她说：“教育振兴、文化振兴是乡村振兴的‘根’与‘魂’，我愿穷尽一生为乡村振兴培根铸魂。”

（编辑／中国妇女杂志社　苏容）

王丽萍：传递温暖的“金牌编剧”

致敬词

因为时时对生活怀抱激动，常常对世间拥有热情，她保持着对真善美的敏感，在对当下生活的描摹中观察时代，在大格局的作品中予人温暖。

王丽萍：生于1963年。上海电影（集团）有限公司编剧。国家一级编剧。第十三届、第十四届全国政协委员。飞天奖优秀编剧奖、白玉兰最佳编剧奖、群英盛典中国电视剧产业20年突出贡献奖（编剧）获得者。获评全国三八红旗手标兵、全国德艺双馨电视艺术工作者等。

从《错爱一生》《保姆》到《媳妇的美好时代》《双城生活》《生活启示录》《岁月如金》等，金牌编剧王丽萍用温暖的现实主义笔触，忠实记录老百姓的日常烟火和平凡人生。

王丽萍从小喜爱写作，1981年入伍参军后，她当过放映员、图书管理员、报道员，丰富的经历为她的创作注入了丰厚滋养，个人第一部小说《我爱阳光》获得中国黑珍珠小小说大奖。1984年，南京政治学院在部队招收学生，她以全军战士第一名的成绩考上新闻系。

1994年，王丽萍退伍转业进入安徽日报社做记者，她将目光投射在普通人身上，对社会生活、人间冷暖充满敏感与激情。业余时间，持续5年担任当地电台夜间热线主持人……她积攒了整整一大袋子听众热情的书信。王丽萍说，通过采风与做节目，她倾听到了百姓的声音，了解了百态人生，对生活有了更多理解，也保持着随手记下生活细节的习惯。那个时期，王丽萍连续创作了4部反映上海生活的电视剧，1999年，她被上海电影（集团）有限公司作为特殊人才引进到上海。

成为专职编剧后，王丽萍更加勤奋。她的两根小手指因为敲字时习惯翘着，已经无法与其他手指并拢在一起。她甚至成为移动的“写作机器”，无论是坐飞机还是乘火车，只要一落座立马开始埋头写作。“任何工作的第一步，应该是热情与刻苦吧！”

王丽萍创作的电视剧成为收视保证，在各个卫视台轮番播放，其中《错爱一生》在中央电视台重播了三四十次。她的作品还接二连三走出国门、走向世界，《媳妇的美好时代》在非洲、欧洲播出，《我家的春秋冬夏》走进美国、葡萄牙，《生活启示录》在蒙古国获得收视率第一，《大好时光》走进日本……王丽萍连续 4 年担任韩国首尔国际电视节评委，并多次在亚洲电视剧研讨会上作主题发言。2017 年，王丽萍与演员闫妮、胡歌等到蒙古国宣传电视剧，热心的观众表示很喜欢中国电视剧，也因为看了中国电视剧，所以想到中国去看看。

王丽萍形容自己总处于“开机”状态，世界是一个大舞台，她在观察中打捞挑选，获取创作灵感。她常常带着最普通观众的视角去了解平凡世界的悲喜人生，去关注社会的底层小人物，去倾听去对话，去感同身受，去将心比心。她去社区做义工，跟着派出所警察一起出警……她的视角，从家庭走向更广阔的社会，她关注邻居关系、年轻人创业、长江三角洲发展、乡村振兴等。从田间地头到大学校园，从派出所到社区，从都市白领到养老院的老人……王丽萍说作品需要“接地气”。

王丽萍的现实题材作品，主角基本都是女性，她从她们身上挖掘和表现善良、温暖、美好的品格和胸怀，表现中国女性积极乐观和强大的意志力，以及为理想献身的精神。她说：“作为编剧，我们会为平凡的奋斗者写作，写出那些在平凡的工作岗位上获得不平凡人生的故事。关注平凡中国人的生活，传递中国人的温暖，就是希望让真善美通行全世界。”

（文／中国妇女杂志社　苏容）

章金媛：100 岁才是我的起步

致敬词

她用一生追随南丁格尔的足迹，践行在南丁格尔塑像前的誓言。94 岁高龄的她仍活跃在志愿服务第一线，“把健康生活带进千家万户”是她最朴素的心愿。

章金媛：生于1929年。退休前为江西省南昌市第一医院护理部主任，现为江西省巾帼志愿服务示范站负责人。荣获2023年全球护理界“国际成就奖”、第39届弗洛伦斯·南丁格尔奖章。获评全国三八红旗手标兵等。

“这是全国 520 余万名护士共同的荣誉，能够代表我们中国护理界走向世界，我很感动也很激动。”当获得 2023 年全球护理界“国际成就奖”的消息传来，江西省巾帼志愿服务示范站负责人、江西省南昌市第一医院护理部原主任章金媛既意外又自豪，“我就是一个普通的护士，获此殊荣是因为有祖国的强大，才有了今天的我。”

1948 年，章金媛从江西省高级护士学校毕业，随舅舅和丈夫来到香港。在了解到新中国急需护士后，她毅然说服丈夫放弃香港富足的生活，带着年仅 6 个月大的儿子回到南昌，开始追寻她一生的护理梦想。

在很多人眼里，护理工作没有什么创新性，但章金媛却总是用心钻研，摸索发现新的护理规律。她研究出“节力铺床法”“内折叠拆铺床法”等。据测算，使用内折叠拆铺床法，扬起的灰尘可减少一半多，为患者提供了更好的护理环境。

在南昌市第一医院，至今仍在临床沿用的章金媛的发明创新有很多，“一把椅子”制度就是其中之一。章金媛任内科病房护士长时，医院还没有呼叫设备，病房只有两只小铃供危重病人使用。可危重病人本就体弱无力，使用摇铃既困难，也不科学。章金媛看在眼里，急在心上。“南丁格尔提着小马灯巡视病房，一夜的路程在 7 公里以上，我们坐在办公室等，这像样吗？”于是，她制定了巡回护理制，也就是“一把椅子”制度，要求“护士站里只留一把椅子给处理医嘱的护士，其余人全部下病房，让病人醒来第一眼就能看到面带微笑的护士”。48 年间，无论刮风下雨，还是深更半夜，章金媛一如既往地到病房巡视。

2000 年，章金媛 71 岁了，已经退休 10 年的她和其他 16 名退休同仁自发成立了江西志愿护理服务队（后改名为江西省红十字志愿护理服务中心），走街串巷、深入社区，上门开展志愿服务，为居民免费提供健康教育、家庭护理等服务。20 多年来，她和志愿团队服务超过 12 亿小时，受益者近 70 余万人。在章金媛带动下，由医务工作者、企业家、社区干部及各领域爱心人士组成的志愿团队越来越壮大，而且 98% 以上都是在职的青年职工及学生志愿者。

2010 年，章金媛倡议成立南昌南丁格尔志愿服务团，成为全国第一个专业从事护理志愿服务的民间组织。2014 年，志愿服务团正式注册为章金媛爱心奉献团，如今已有近 2 万名注册志愿者。“我们团队分为 44 个组，除周日以外，周一到周六都在做一些力所能及的事，把自己周边社区有需要的弱势群体服务好。”以“医院、社区、家庭、志愿者”为一体，以“居家养老”为切入点，这些胸戴爱心小圆牌、身着白色披肩的志愿者穿梭在南昌的大街小巷，成为这座英雄城的一道亮丽风景线。

如今，章金媛仍然活跃在志愿服务第一线，个人累计志愿服务已超 2.6万小时。在章金媛看来，100 岁是她的起步，110 岁是她圆梦去赶路，120 岁才能算是真正有价值的章金媛。“我还有三个梦想：一要带好队伍弘扬南丁格尔精神，二要壮大中国南丁格尔志愿服务队伍，三要培养老年人的新健康观。”章金媛说，“我将同所有护理工作者一道，为守护人类健康、构建人类卫生健康共同体奋斗终身！”

（来源／江西省妇联　编辑／中国妇女杂志社　邵玮）

次仁卓嘎：矢志传承藏毯技艺

致敬词

她在继承和发展藏毯编织技艺的道路上一走就是40多年，为发展藏毯奉献了毕生精力。用冰心的一段话形容她最为恰当："成功的花，人们只惊羡她现时的明艳，然而当初她的芽儿浸透了奋斗的泪泉，洒满了牺牲的血雨。"

次仁卓嘎：生于 1952 年。西藏自治区拉萨市城关区地毯厂厂长。获评全国三八红旗手标兵等。

独具民族特色的手工制品、舒展优美的歌舞表演、舒放遒劲的藏文书法……2023 年 6 月 17 日，第五届中国西藏旅游文化国际博览会展览开幕，次仁卓嘎将藏毯编织技艺带到了现场，邀请游客们互动，引得无数游客驻足体验、拍照留念。

“我们的藏毯原料选自藏北高原优质羊毛，纯植物染色，手工捻线，经手艺人精心编织而成，与波斯地毯、东方艺术毯并称为世界三大名毯。”与藏毯打交道近半个世纪，次仁卓嘎对藏毯的历史和文化价值如数家珍。

1975 年，次仁卓嘎成为一名藏毯编织工人，走上学习传承藏毯编织技术之路。“我格外珍惜这份工作，决心一定要干出样子来。”次仁卓嘎是这么说的，也是这么做的。1992 年，业务技术精湛的次仁卓嘎被任命为城关区地毯厂厂长，此时的地毯厂刚与城关区综合一厂分家，不但没有一分钱的流动资金，而且还背负了百万元的债务。

次仁卓嘎不气馁，她带领设计、技术人员和工人，悉心钻研染色、配色、图案设计、平剪等各个工序，将民族传统文化融入图案设计中，极大丰富了产品的图案和种类，将地毯厂的藏毯图案种类从 20 余种扩大到 650 余种，并在第五届亚太地区国际博览会上获得金奖。

经营中，次仁卓嘎发现，传统手工业要发展，要在国内外市场上站住脚，科技开发和规模生产是必经之路。她将企业技术改造工作摆在首位，购进了梳毛机、捻毛机、平剪机、洗毯机、染色机等先进设备，开发研制了防蛀型新产品，提高了产品的科技含量和附加值，为规模化、产业化发展奠定了坚实基础，也为西藏民族手工业企业树立了“藏毯样板”。

“人才是发展的第一资源”，次仁卓嘎非常重视人才培养，她采取“请进来、送出去”相结合的培养方式，先后从上海、天津等地，甚至尼泊尔等国邀请平剪、染色等方面的专家到厂开展技术培训。同时，派员工赴内地学习设计、染色等方面技艺，为地毯厂实现高质量发展奠定了人才基础。

30 多年来，次仁卓嘎领导的城关区地毯厂以“质量上乘、图案精美、富有民族特色”等，在国际、国内市场上赢得了很高的声誉，创造了无一例客户投诉的佳绩。地毯厂总营收及职工个人收入比分家前提高了 25 倍之多。

次仁卓嘎常说，承担企业社会责任义不容辞。这些年，城关区地毯厂共为 350 多名待业青年提供了就业机会。她还积极帮助山南地区琼结县地毯厂、浪卡子县地毯厂、扎囊县地毯厂等，不仅在技术上给予指导和支持，同时还将一部分订单分流给这些基层县区地毯厂，帮助他们渡过难关，留住了更多藏毯技术人员。工作之余，次仁卓嘎还定期到敬老院和孤儿院开展慰问活动，几十年来从未间断。

创建一所传统藏毯技术培训学校，传承发扬藏毯技艺，这是次仁卓嘎作为藏毯人的夙愿。如今城关区地毯厂即将搬进新厂区，这为成立传统藏毯技术培训学校提供了条件。培养更多的藏毯人才、抢救和整理更多的传统藏毯图案……古稀之年的次仁卓嘎仍然在路上。

（来源／西藏自治区妇联　编辑／中国妇女杂志社　邵玮）

柳清菊：在新材料领域开拓耕耘

她勇攀科技高峰，积极投身科技创新巾帼行动，在新材料领域潜心钻研、默默耕耘，取得了一项项创新成果，培养了一批批优秀人才，为科技强国建设作出了应有贡献。

致敬词

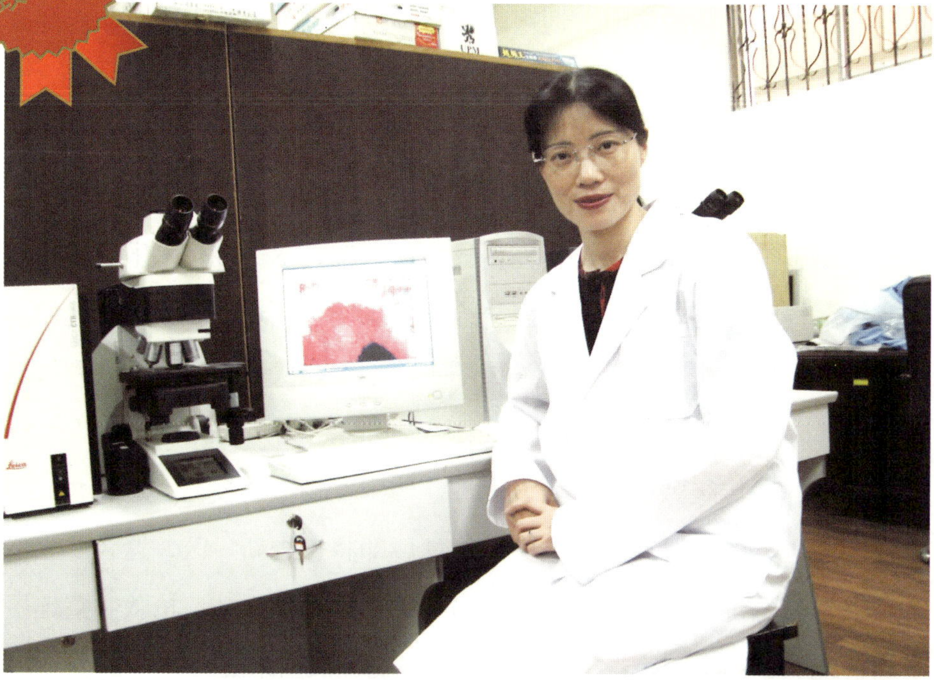

柳清菊：生于1966年。云南大学材料与能源学院教授（二级）、博士生导师，云南省微纳材料与技术重点实验室主任。获评全国三八红旗手标兵、全国妇女创先争优先进个人等。

1995 年，柳清菊来到云南大学，结合自己既有的研究基础和云南省科技发展的实际需要，选择了学术性和应用性较强的前沿科技——环境纳米材料，作为自己科研的主攻方向。当时在云南还很少有人从事这方面的研究。

短短几年间，在她的带动下，云南大学逐渐步入材料科学研究的前沿，成功申报了云南省自然科学基金重点项目，这对柳清菊来说无疑是极大的鼓舞。2001 年，她以“采用复合叠层膜结构制备既具有优良光催化活性，又具有优良的光诱导超亲水性 TiO_2 多功能薄膜”的创新思路，获得了国家自然科学基金的支持，这对她的人生来说又是一个新的起点。经过不懈努力，她成功地制备出了新的复合叠层膜，为制备光催化活性和亲水性俱佳的 TiO_2 多功能薄膜找到了一种新的可能途径。

2002 年，是柳清菊科研事业发展上浓墨重彩的一笔。她在前期科研成果基础上以“高性能复合无机抗菌材料”这一前沿项目成功申请到国家 863 计划的支持，实现了云南大学主持国家 863 计划项目“零”的突破，这是她在环境纳米材料领域取得的又一项实用性很强的科技成果。

面对新的任务和更大的挑战，柳清菊以女性特有的细致和毅力，在学校的大力支持下，最终以“优秀”的成绩顺利通过了科技部组织的专家验收，并赢得了验收专家和科技部管理部门的高度评价。2008 年，柳清菊主持申报的项目再一次通过严格的评审，获得了国家 863 计划重大项目支持。这是云南省获准的唯一一项该类项目。

2012 年 3 月，柳清菊又被科技部聘为“十二五”国家高技术研究发展计划新材料技术领域主题专家，是新材料领域 27 位主题专家中唯一的女性。

近年来，柳清菊带领研究团队先后主持和承担了包括国家 863 计划重大项目、国家自然科学基金及省部级重大 / 重点项目等在内的 20 余项课题研究，在光催化材料、高性能复合无机抗菌材料、新型有毒有害气体传感材料与器件等方面取得了多项具有自主知识产权的创新成果。

在由柳清菊组织创建的云南省微纳材料与技术重点实验室里，有青年教师，也有硕士生、博士生。这里经常会出现这样的一幕：穿着实验服的柳清菊会在每个人的身边站上一会儿，静静地观察，轻声地指导。她最常说的就是：“我只是希望你们在我这里能真正地学到些东西，能锻炼好自己的能力，能适应今后的工作要求。”她以自身的人格魅力、学识水平和积极进取的精神风貌，将团队紧紧地凝聚在一起。她说：“一如既往潜心耕耘于新材料领域的科学研究和人才培养，就是我对未来最大的畅想。”

（来源 / 云南省妇联　编辑 / 中国妇女杂志社　王晓艳）

2016

全国三八红旗手标兵

段爱平	山西省长治市襄垣县王桥镇红星村党总支书记、村委会主任
余金红	浙江省舟山市定海区干览镇四级调研员、新建村党支部书记
詹红荔	福建省南平市中级人民法院二级调研员、审判员
冷金花	北京协和医院妇产科主任医师，教授，博士生导师，“十三五”“十四五”科技部重点研发计划首席专家
何　鄂	甘肃何鄂雕塑院院长
周　巍	中国船舶 701 所研究员
尤良英	新疆生产建设兵团第一师 13 团 11 连职工
秦　君	清控科创控股股份有限公司创始人、北京君紫投资管理有限公司董事长、北京迈坦信息科技有限公司董事长，“中关村创业大街”发起人

段爱平：把百姓装在心上的村干部

致敬词

山梁挡住了阳光，她却用肩膀扛起乡亲们的期盼。村庄渐渐丰满，她的身体却慢慢柔弱。她说，像庄稼爱着泥土，她也深爱着脚下的这片土地。

段爱平：生于1956年。山西省长治市襄垣县王桥镇红星村党总支书记、村委会主任。获评全国三八红旗手标兵、全国优秀共产党员、全国劳动模范、感动中国2013年度人物等，入选“中国好人榜”。

段爱平是个连自己名字都写不工整的农妇，人如其名，普通、朴素。然而，就是这样一位看似平凡的妇女，身上却蕴含着一种不向命运屈服的力量。

1961 年，段爱平 5 岁时，母亲改嫁。7 岁，她独自上山捡柴换钱。12 岁，父亲病逝，她开始卖煎饼养活自己和奶奶。饥饿、寒冷、受辱是寻常事，然而也有很多温暖人心，那就是邻里乡亲的关爱。她忘不了乡亲们东家一口、西家一碗照顾她的恩情。18 岁，她嫁到了返底村。

后来，段爱平靠做焦炭生意积攒下了百万财富，家里的日子红火起来。但当时的返底村却一穷二白，地下无资源、地上无产业，是一个贫穷落后的小山村。

1999 年年底，村“两委”换届选举前，不少村民动员段爱平参选。村民的理由很简单：段爱平能把自己家的日子过好，就能带着大家把日子过好。但段爱平却一口回绝了：“没文化、不识字，干不了。”

可经不住村民们再三动员，段爱平最终还是答应了。获选上任后，段爱平视村如家。在她朴实的信念中，村民的信任、村里的需要就是天大的事，只要是为乡亲们好、为村集体好的事，她必须尽心尽责去做。她用自己做生意的钱，修建了小学，建了敬老院，进行了电网改造、河道治理，带领村民完成了村村通公路和绿化亮化工程。

“每年为百姓办一件实事，得民心的实事。”这是段爱平上任时向村民们许下的诺言。

2006 年，段爱平罹患食管癌，后又转移扩散到淋巴，经过多次化疗，人虚弱得不成样子。但她没有被病魔吓倒，而是勇敢地向命运发起挑战。2010 年，她拖着病体，组织村民种植干果经济林，发展养殖业，为每户村民增收上千元。2015 年，她拓展资源，与中药材种植专业合作社、药企合作，带动村民广泛种植丹参、黄芩、苦参、药用朝椒、杭天菊等多种中药材，并为村民提供种、收、售一条龙服务。同年，她又投资建起了爱平爱心残疾人服装厂和返底村劳保服装厂，既解决了富余劳动力的就业问题，又为农民特别是困难群体增加了收入。

最令段爱平印象深刻的是 2014 年 7 月的那场大雨，很多村民家里进了水，有的房屋因地基灌水出现裂缝，还有一些土坯房屋被冲塌。连续四五天，她和镇里的干部天天在村里巡查，转移受灾户，都没顾上回自己家看看。等安顿好村民回家一看，她家的窑洞也出现了严重的裂缝，大墙倾斜，再不能住了。

自己辛辛苦苦一辈子攒钱打的窑洞毁了，段爱平顾不上伤心难过，转身又到受灾村民家里去了。由于身体虚弱，加上连续几天劳累操心，晕倒在湿滑泥泞的山坡上，被村民发现紧急送往了县医院。

用真心换真情，段爱平无私奉献的精神和行动，深深感染激励着全村的党员干部群众，争创“五好”支部、争做“五带头”党员、争做好村民蔚然成风。2020 年，返底村与其他 5 个村合并为红星村。在段爱平的带领下，今天的红星村“路通、树绿、百姓安康”的乡村振兴新画卷正铺展开来。

（文／中国妇女杂志社　申敏夏）

余金红：打造“文艺范儿”生态乡村样板

致敬词

她是“千村示范、万村整治”工程中的巾帼力量。二十多年如一日，她把村强民富的梦想变为现实。最美休闲乡村、全国生态文化村、联合国人居署“净零碳”乡村规划中国案例……都是她带领大家奋力前行留下的脚印。

余金红：生于1966年。浙江省舟山市定海区干览镇四级调研员、新建村党支部书记。获评全国三八红旗手标兵、全国优秀党务工作者等。

2015年5月，习近平总书记到浙江省舟山市定海区干览镇视察，坐在新建村一位村民的农家乐小院里，很是感慨：“这房子多干净啊，下次来了，咱们就在这儿住。”自那之后，新建村更是名扬天下，游人如织。

在村支书余金红的带领下，如今的新建村早已不再是传统意义上的乡村，更像一个度假胜地。余金红说，老百姓不仅生活富裕了，精神也富足了。村里建起海岛美术馆、创办了群众艺术创作中心，让普通农民创作的工艺美术品走向市场，还修起了明清古街、渔民画原生态基地、海莱坞影视文化基地和户外摄影基地，这些也是浙江省党员教育基地、全国艺术学院大学生实习基地、全国中小学研学基地……

余金红怎么也没有想到自己能当上村干部，更没想到一干就是20多年。1999年以前，她在一家私营企业当会计，工作清闲且收入高，又适合她安静的性格，没有任何改变的理由。突然有一天，村妇女主任找上门，建议她参选村主任。余金红吓了一跳，虽然她嫁到这个村已有几年，可天天上班，和村里人并不熟悉，怎么会有这等事？村妇女主任说：“因为你孝敬公婆。”村里参加选举投票的大都是留守的老年人，“孝顺”自然最能打动他们的心，余金红就这样被选上了。

余金红用造地项目资金让撂荒的土地重现生机，种植果木再承包出去，所谓“借鸡生蛋”，增加村里的收入。她还给成天打麻将、说闲话的妇女们开辟了一条居家就业的路——村里有人在外开服装厂，她去揽回加工服装的活儿，自己先掏钱动员大家入股，买了 20 台缝纫机。那些日子，对她来说是一种巨大的煎熬，做梦都是服装不合格，一件件次品被退回来。好在她是有办法的人，去别的企业挖来老师傅给大家做培训，严把质量关。这一下，竟带动了全镇的家庭工业。

一块坚冰融化带来的是一江春水，只是流速、流向全要靠村委会随时引导。有人“胆子小、头脑好”，她上门送去定心丸，主动担保贷款；对位置好却不知道做什么的人，她则送去经营建议；她把外出打工多年的人吸引回来，让他们在家门口挣钱；而那些已经在外地安家的人，她又建议对方将改造的老屋出租……

2009 年，余金红遇到了艺术学院的一位教授。他说：“你们的山村太美了，又有海洋文化，为什么不做成艺术学院大学生的实习基地呢？”余金红立刻听出了这句话的分量。去外地考察之后，她更加认定这个项目可行，便请来全国 20 多所艺术院校的院长、教授来论证他们的方案，听取真正的专业意见！

市场有市场的规律，村里成立了公司，以各方入股的方式投资 1000 万元。其中农民要承担改造房款的 20%。全体村民会议召开了，规划、绘制效果图，改造前后的对比……

散会了，当余金红拿着合同一家一家去签的时候，却没有一家同意的。兴奋褪去，各种顾虑浮上心头：改造后没有生意怎么办，破坏了原来的风水怎么办，改造房子的材料不合格怎么办……面对纷至沓来的问题，余金红决定专攻一户人家，先建起一个样板间让大家看看。那个人家，她去了 10 趟。之后，从 1 家到 10 家，再到全村，“文艺范儿”乡村就这样建立了起来。

对于接踵而至的各种荣誉：全国三八红旗手标兵、全国三八红旗集体、全国先进基层党组织、全国文明村、全国最美休闲乡村、中国最美村镇榜样奖……余金红心里充满感恩。她说，是老百姓给了她这个平台，“一个农村女性走到今天，每一个踩下去的脚印我都能看到，这就是做人的收获”。

（文／中国妇女杂志社　苏容）

詹红荔：一半是法官，一半是妈妈

致敬词

执法如山，却又慈爱似母，她将少年审判工作延伸到庭前、庭后和庭外，传播法律的善与美，以法律的正义和人性的悲悯，让失足少年向阳而行。

詹红荔：生于1963年。福建省南平市中级人民法院二级调研员、审判员。党的十八大代表。获评全国三八红旗手标兵、全国优秀共产党员、全国五一劳动奖章、全国模范法官、全国政法系统优秀党员干警、全国道德模范、全国人民满意的公务员等。

“少年审判，是刑事审判工作中一个极其特殊的领域，在这里情、理、法激烈碰撞，牵动着一个人、一个家庭，甚至几代人的幸福和未来。”从事少年审判工作二十载，法官詹红荔无一错案、无一投诉、无一上访。润物耕心，她以大爱让新生少年向阳而行，被亲切地称为“法官妈妈”。

1984年，詹红荔进入福建省南平市延平区人民法院，从事刑事审判工作。2003年，从事少年审判。她不断摸索积累，和同事围绕庭前、庭中、庭后三个阶段，总结出一套符合少年审判规律的“三三九不工作法”，即庭前三个不开庭、庭中三个不轻易、庭后三个不松手，走出了一条寓教于审、惩教结合、法情相融的少年审判之路。

在看守所里，16岁的少年犯小陈嘴角叼着半截香烟，冷冷地用“他该死”的开场白向詹红荔描述了作案经过。为了感化小陈，詹红荔两次远赴他的老家调查其成长经历，又亲自前往看守所对他进行心理疏导。庭审时，小陈跪向被害人家属忏悔，最终消融了心中怨恨。他在给詹红荔的信中写道：“当所有人都唾弃我的时候，是你和母亲，支持着我完成人生的转折。”

运用“三三九不工作法”，詹红荔先后化解了50多起敏感性、苗头性案件，挽救了80多个濒临破碎的家庭；建立了400多名新生少年帮教档案；帮助了 315 名失足少年重返课堂、70 多名刑满释放的新生少年找到工作。

“案结只是个逗号，事了也仅是个分号，人和才是一个完美句号。”为了能够与孩子们打成一片，詹红荔特意建了一个 QQ 账号，取名为“快乐的兔妈妈”，关联好友全都是少年犯以及出狱的新生少年，孩子们亲切地喊她“兔妈妈”。为了让失足少年顺利回归社会，她推动建立少年轻罪前科消灭制度；为了让他们重拾自尊自信，她提出在养老、敬老护理院建立新生少年服务实践基地，组建“新少年服务队”……

法官既是司法工作者，又是基层社会治理的参与者、推动者。在詹红荔眼里，孩子的问题是家庭问题的折射，也是社会问题的折射。她走出法庭，走进社区、走进学校、走进家庭，进行全方位的青少年普法宣传教育。

2021 年 11 月，在审理一起未成年人犯罪案件时，南平市延平区人民法院主审法官了解到其中一名未成年人的家庭教育方式存在很大问题，家长与孩子日常几乎“零沟通”。在南平市中级人民法院指导下，延平区人民法院发出了首份《责令接受家庭教育指导令》，责令家长限期到指定的社工组织接受家庭教育指导。

2022 年 3 月，在南平市中级人民法院“詹红荔工作室”的努力下，全省首个家庭教育指导项目“百合花开”馨课堂正式开课，自主研发“家风家教、父母成长、和谐家庭”系列课程，引导更多家长特别是罪错、困境未成年人家长走进家教课堂，帮助他们学习掌握科学的家庭教育理念和方法。

从 2003 年至今，詹红荔以法官的理性、母亲的慈悲，为一个个失足少年点亮心灯，见证他们重生的幸福。她以对法律、对人民的忠诚践行着“一个人民法官，无论庭内庭外，如果需要，都责无旁贷”的庄重承诺。

（文 / 史飞飞　编辑 / 中国妇女杂志社　申敏夏）

冷金花：
用“大医精诚”书写协和精神

致敬词

医者仁心，每一次诊疗，她都把关爱和信心传递给病人；“大医精诚”，她攻克了妇科领域一道道难关，重燃无数患者的生命希望之火。她是协和精神的书写者、女性健康的守护人。

冷金花：生于1963年。北京协和医院妇产科主任医师，教授，博士生导师，“十三五”“十四五”科技部重点研发计划首席专家。荣获全国妇幼健康科技奖科技成果一等奖、2006年度国家科技进步奖二等奖、2011年华夏医学科技奖一等奖、2012年北京市科学技术奖二等奖等。获评全国三八红旗手标兵。

冷金花从事妇产科临床、教学及科研工作30余年，在妇科常见病及疑难病诊治，尤其是妇科内窥镜应用及子宫内膜异位症诊治研究方面，有着独到的建树和突出的贡献。

20世纪90年代，毕业于广州中山医学院医疗系的冷金花被北京协和医院选中做了实习医生，读博士时又幸运地成为郎景和院士的学生。更多理解病人的体验和要求，是导师郎景和的理念，这也深刻地影响了冷金花。“导师说，医生给病人开的第一张处方应该是关爱！”所以冷金花认为，说话也是治病，让病人的心理压力减轻，病会好一半。这就是为什么冷金花永远给病人信心，即使对只有1%康复可能性的病人，她都会说：“可能性是比较小，但也许在你身上就变成100%了，人体是很奇妙的，从没有绝对的没机会。”

冷金花主刀的手术已近2万台，大部分都是病情复杂、治疗困难的患者。常常是，病人辗转全国多家医院久治不愈，来北京协和医院找冷金花大夫几乎是她们的最后一线希望。为减轻病人痛苦，冷金花还是全国最早开展腹腔镜手术的医生之一，80%以上的手术用“镜子”就能解决问题。手术中的冷金花自信冷静，将一柄细长的小“镜子”使得游刃有余。她的同事形容：“冷大夫做手术，一气呵成，不拖泥带水，好像在完成一件艺术品。”

冷金花是中国子宫内膜异位症规范化诊治的重要推动者。子宫内膜异位症被称为“良性癌”，它在女性盆腔内肆意生长，病变广泛、病情复杂，极易复发，引起的疼痛和不孕严重影响了女性的健康及生活质量，是难治之症。100年以前，加拿大临床医学家、医学教育家威廉·奥斯勒就曾说过：“你懂得了子宫内膜异位症，就是懂得了妇科学。”冷金花选择攻克这一难题，承担多项国家课题，包括国家自然科学基金项目、科技部国家科技“十一五”支撑计划课题、原卫生部临床重点学科课题。作为首席专家，冷金花承担“十三五”及“十四五”科技部国家重点研发项目，对子宫内膜异位症发病机制及综合防治进行系统研究。主持制定《子宫内膜异位症长期管理中国专家共识（2018年）》，首部《子宫腺肌病诊治中国专家共识（2020年）》以及第三版《子宫内膜异位症诊治指南（2021年）》，并在全国各地巡讲，推广子宫内膜异位症新的诊疗规范，培养人才队伍。

身为国家卫健委四级内镜北京协和医院妇科培训基地主任及中国医师协会妇产科分会子宫内膜异位症专业学组组长，冷金花还担负着提高基层医院医生整体水平的责任，要开学术会议、做手术巡讲、传播新知识新理念、宣传手术规范……

冷金花是新当选的子宫内膜异位症及子宫疾病协会（SEUD）的中国唯一理事，每年都在SEUD大会中以及美国妇科腔镜医师协会（AAGL）大会上发言。她说：“要展示我们的实力，让世界听到我们的声音，我们已经从跟随者变成同行者，甚至领跑者。而未来，我们要做更多领域的领跑者。”

（文／中国妇女杂志社　苏容）

何　鄂：
用雕塑镌刻时代

致敬词

她是新中国第一代女雕塑家，扎根西北60多年，以对党和人民的无限忠诚，在艺术创作的道路上孜孜以求，为人民塑像，用雕塑镌刻时代。

何鄂：生于 1937 年。1994 年，创立甘肃何鄂雕塑院。我国著名雕塑家，中国工艺美术大师，现为全国城市雕塑艺委会专家顾问、中国雕塑学会专家顾问。获评全国三八红旗手标兵。

时光如刻刀，将何鄂的人生雕刻。

何鄂出生在上海市金山区，从小就喜欢画画。高中时，家人安排她去银行工作，但她就是闹着绝食也要报考美院，家人没有拗过她，她如愿考入西北艺术学院（现西安美术学院）美术系。她发现前两届雕塑班是清一色的男生，心里不服气，想女人也能学雕塑，就毅然选学雕塑，成为西北艺术学院第一个学习雕塑的女生。在后来几十年的雕塑生涯中，她逐渐体会到，雕塑虽是高强度的体力工作，但女性的细腻情感能为雕塑注入无限柔情。

1955 年，18 岁的何鄂毕业后留在兰州，教书、结婚、生子，一切好像趋于平静，但她内心其实一直对近在咫尺的艺术殿堂——敦煌心驰神往。终于，在兰州蛰伏 7 年后，她撂下丈夫和两岁大的女儿去了敦煌。在敦煌，她膜拜似的临摹、研究。整整 12 年的时间，她与世界文化奇迹莫高窟耳鬓厮磨，技艺上的临摹几可乱真，更关键的是打下了得天独厚的民族艺术素养和功底。

离开敦煌之后，有一天她问自己："老祖宗创造的敦煌艺术让我们这些后人为之骄傲，但我呢，我没有一点儿创造才能吗？我能为我生活的这个时代留下什么吗？"

1986 年 4 月 30 日，由何鄂设计制作的红花岗岩雕刻《黄河母亲》

落成于兰州市黄河南岸，从此蜚声海内外，并在 2009 年获得新中国城市雕塑建设成就奖。《黄河母亲》早已成为兰州的标志，到兰州旅游，要是没在“黄河母亲”前拍张照片，好像就没法证明你来过。

何鄂说，如果她不在西北、不在兰州、不在敦煌这么多年，是无法创作出《黄河母亲》雕像的。那时，她已在西北待了 30 年，被黄河水彻底浸润了。她放弃了种种复杂的设想，只保留了母亲和臂弯中的婴孩，因为，“你我是黄河的儿女，你我的儿女还是黄河的儿女，母亲是永恒的”。

创作《黄河母亲》的过程中，何鄂第一次体验到了城市雕塑在雕塑家心中的分量究竟有多重。设计稿变成泥塑稿，泥塑稿再翻成石膏模型，最后成为一件石雕。当石雕被 5 辆汽车从山东运回兰州组装时，当吊车吊起最后一块头部造型准备就位时，何鄂忽然怕起来：母亲的头部与身体的比例是否协调呢？面部五官的表情是否对称呢？何鄂的心紧紧缩起，觉得自己像是犯了错的孩子，竟不敢抬头去看，默默地走到几十米外的路边，怯生生地望去，等到终于看清了比例正常，才放下心里的一块石头。

雕塑落成后，何鄂也会在工作之余跑到《黄河母亲》前，坐在人群里听人们的议论。直到今天，她依旧关注着人们对这件作品的评价。也许是天意，何鄂工作室现在的位置就在《黄河母亲》雕像的附近，与“母亲”日日相伴，安心创作。

转眼数十年，新中国的第一代女雕塑家们已渐渐退出舞台，何鄂依旧执着地在创作。自 1994 年成立甘肃何鄂雕塑院以来，她带领雕塑院全员在全国各地完成雕塑项目 200 余项。工作室里陈列的那些雕塑作品，以不同比例放大后遍布黄河上下、大江南北，但在何鄂的心里，创作前、创作时的情感依旧汹涌至今。“今生的岁月已经不多，我能够给予我们这个时代的，唯有雕塑。”

（文／谢志娟　编辑／中国妇女杂志社　王晓艳）

周　巍：逐波踏浪，筑梦蓝海

致敬词

逐梦蓝海，舰船报国。30 多年在水面舰船研制领域拔尖创新、勇毅前行，牵头解决了大量重大关键技术问题，是铸造国之重器的巾帼英雄。

周巍：生于 1961 年。中国船舶 701 所研究员。获得国防科学技术进步特等奖、二等奖。获评全国三八红旗手标兵。

三十余年，时光荏苒，周巍将青春和热血毫无保留地奉献给了国防事业。

为保障舰船建造工作按节点完成，在施工建造配试配建的几年时间里，周巍每年至少有 8 个月的时间坚守在千里之外的建造现场：全程参加每一次航海试验，配合建造和试验并快速解决现场技术问题。在主持某型舰下水工作时，为了确保计算准确性和下水安全性，她带领技术人员每天到舰上查舱。建造中的舰船如同施工工地，条件艰苦，梯道不全，加之天气炎热，舱内如同蒸箱，但她从无怨言，带头钻舱，登高爬低，从头到尾每舱必到。在进行倾斜试验时，无论是炎热的夏天，还是寒冬，她作为总指挥往往在露天甲板上，一站就是七八个小时。

在主持高海况试验时，风大浪高、海况恶劣，船晃得非常剧烈，这种情况常常要持续一天，就连在舰上生活多年的官兵也会头晕目眩、难以忍受。作为技术负责人，她强忍着晕船带来的不适，一手拿着呕吐袋，一手拿着记录本，带领参试人员坚守在试验岗位上，指挥和记录试验数据，确保试验有效完成。

不管工作多么繁忙，周巍始终坚持学习，潜心钻研，探寻国内外舰船前沿技术。作为“十二五”国防科工局国防基础科研重点项目“面向大型舰艇的多学科综合集成设计平台研究”负责人，她主持关键技术攻关，完成项目研究，获国防科学技术进步二等奖，获得三项发明专利。

驱逐舰的研制，承载着党和国家的殷切期望和人民群众的关切，要求高、难度大、时间紧。作为某系列驱逐舰研制产品组主要成员，周巍全面主持产品设计工作，牵头解决了航速、稳性、电磁兼容性、隐身性等大量重大关键技术问题。她主持完成总布置优化设计研究课题，创造性提出了具有优良隐身的设计外形、各项性能综合兼优的总布置方案，在国内首次采用多种有效措施降低雷达波散射面积，解决了典型武器系统模块化装舰技术问题。她成功主持完成了该型舰总体系泊、航行试验以及高海情试验、下水计算、倾斜试验等，确保了顺利交舰。该型舰在研制设计上实现了数十个“首次”和“第一”，极大提高了我国驱逐舰的综合作战能力，实现了我国舰上关键系统从引进到自主研制的跨越式发展、我国自主研制水面舰艇作战能力的跨越式发展，达到世界水面舰艇的先进水平。

周巍秉承舰船报国初心，将青春和热血奉献给舰船事业，成为我国海军装备事业不可多得的巾帼英雄。她说：“我会继续为海军装备事业添砖加瓦，为实现蓝海梦、强军梦、中国梦作出应有的贡献！”

（来源／湖北省妇联　编辑／中国妇女杂志社　王晓艳）

尤良英：在南疆谱写振兴曲

致敬词

民族团结的典范，共同致富的带头人。南疆 30 年，她在田园里种植梦想，让日子过得像红枣一样红火。她和维吾尔族兄弟麦麦提图如谱·穆萨克的故事在新疆大地广为流传。乡村振兴新征程上，她一路向前，走出一条农业品牌化发展之路。

尤良英：生于1970年。新疆生产建设兵团第一师13团11连职工。第十三届全国人大代表。获评全国三八红旗手标兵、全国道德模范、全国民族团结先进个人、全国五一劳动奖章等。

尤良英在南疆奋斗 30 余年，不遗余力带领阿克苏的乡亲们共同致富，和维吾尔族兄弟姐妹的民族团结情在当地传为美谈。

尤良英是重庆潼南妹子。1990 年，她生下第一个孩子，刚出月子，就跟随丈夫到新疆，成为新疆生产建设兵团第一师 13 团 11 连的一名职工。2001 年，新疆生产建设兵团实行土地承包制度改革，但没有人愿意第一个去承包土地，改革推进陷入僵局。连队领导找到尤良英，希望她出面承包 600 亩土地种植棉花，带头做个示范。但当时尤良英只有 2 万元积蓄，经营 600 亩棉花至少需要投入 20 万元。干还是不干？家里人都不支持，尤良英经过再三思考，决定试一试，她说：“党的政策不会让老百姓吃亏，干！”

创业初期的艰难是难以想象的。棉花的种植周期是 4 月到 9 月，4 月在内地已是春色满园，而在新疆还是冰天雪地，早上的气温更接近零下 30 摄氏度。每天她早早就起床，要用斧头砸开冰块来煮方便面，然后再到棉花地里劳作。2010 年，兵团进行农业结构调整，她和丈夫又主动申请“一分田、一分园”的“田 + 园”种植模式，承包棉花地 192.81 亩、枣园 30.8 亩。为了学习红枣种植技术，她辗转跑到山东、山西等地实地考察，花高价带回更好的品种进行嫁接，找准红枣是养生产品的特点，发展绿色、无公害的高品质红枣，终获成功。

尤良英致富不忘乡亲。她和维吾尔族兄弟麦麦提图如谱 · 穆萨克的故事在广袤的新疆大地流传。麦麦提图如谱曾在妻子生病时找尤良英借钱，尤良英二话不说就借给了他。为了尽快让麦麦提图如谱一家脱贫，尤良英还把麦麦提图如谱一家请到自己家里，不仅一起吃住，还免费教他种植技术。当时麦麦提图如谱不知剪坏了多少树，尤良英却一点儿都不心疼，她说："不练，他咋学会；学不会，他咋致富？这点儿损失咱们还能承受！"

功夫不负有心人，麦麦提图如谱很快就成了种植技术能手，尤良英又给他 5 万块钱资金，让他回乡种植了 12 亩的枣园。每到枣树修剪、疏密、扩冠、环割等关键时节，尤良英就亲自上门指导。10 年间，她 17 次穿越塔克拉玛干沙漠。后来，麦麦提图如谱成为达里格村的大队长，也像尤良英一样将学到手的技术和理念无偿传授给乡亲们，不仅自家盖起了新房，年收入达到几十万元，还带动整个村子发展起林果业。2015 年国庆节，尤良英和麦麦提图如谱作为全国基层民族团结优秀代表受到习近平总书记的接见。

作为全国人大代表，尤良英积极建言献策、为民发声，多次提交关于支持新疆农产品精深加工的提案。2016 年，她联合 16 名社员牵头成立了阿拉尔边疆红果品农民专业合作社，形成"种植—收购—加工—销售"一体化的经营模式，让当地红枣的产量和质量都上了一个新台阶。

在枣林里直播红枣管理技术，在田间直播栽种红苕，在葡萄架下直播葡萄生长情况……如今，尤良英与时俱进，玩转直播，帮助更多兄弟姐妹脱贫致富。她说："我要培养更多的电商'店小花'，还要实现现代化的高科技种植，完成'三变'——数量变质量、产品变商品、商品变礼品，走农业品牌化发展之路，在乡村振兴新征程上展现新作为。"

（文／中国妇女杂志社　柳亚敏）

秦　君：
紧跟时代的“双创”领军人

致敬词

她是创业者，也投资创业者。自主选择、主动出击、自信向前，从不被动做事，是公认的“创业女王”。大格局、大视野，时代感、责任感，和创业者一起创业、成长，是她最幸福的事。

秦君：生于 1978 年。清控科创控股股份有限公司创始人、北京君紫投资管理有限公司董事长、北京迈坦信息科技有限公司董事长，“中关村创业大街”发起人。获评全国三八红旗手标兵。

秦君被公认为“创业女王”，她自己创业，也投资创业者，她紧跟时代脚步，“从来没有被动地做过任何一件事”。

2000 年，秦君进入清华科技园，第二年就在岗位上创办了北京华清科建科技咨询有限公司，当年盈利 1000 万元。

2003 年，秦君开拓了清华科技园·玉泉慧谷科技园，把农民的集体土地和区域经济、产业发展做了很好的融合。

2010 年，秦君创办清控科创控股股份有限公司，致力于推动区域产业发展和创新创业服务，为园区开发、园区运营、科技金融、创业孵化等搭建了一个高效的服务平台。

2014 年，秦君创办新型孵化器——Binggo 咖啡；同年 6 月，“中关村创业大街”开街，秦君带领清控科创团队负责创业大街的运营。

2015 年，秦君大胆开启第二次创业旅程，创建了北京君紫投资管理有限公司——一家致力于推动财富增值与幸福增进的投资机构。她借助资本的力量，驱动产业融合创新，实现资本聚焦，将创业孵化推向一个新高度。重点投资领域包括智能制造、新一代信息技术、人工智能、医疗等，在卫星制造、企业数字化、机器学习、医疗器械、基因检测、企业服务等产业有广泛的投资布局，已投资企业涌现出一批明星项目。

秦君是一名创业者，也是创业者背后的创业者，在推动科技创业与投资领域风雨兼程近 20 年，一路坎坷，一路激情。她见过成千上万的创业者，她对创业者进行扶持和指导，告诉他们创业没有“一步登天”的捷径，最佳途径是走正道，一定要脚踏实地向既定的目标和方向前进，一步一步走下去。秦君认为，创业者要有大格局和大视野，不仅肩负企业自身的发展，还要有时代感和社会责任感。她说，和创业者一起创业、成长是最幸福的事。

秦君从不讳言自己的人生挫折，但她说：“当你陷入低谷的时候，要积极地、有尊严地熬过去。自律和控制力是我人生的军规。当一个人能控制自己气不散的时候，就能调动全身的正能量。”她以积极正向饱满的激情，保证自己“气永远不能散”。

秦君认为，新时代让女性有了更多平等权利和竞争机会，有了施展智慧和才华的更大舞台，这是每一个女性的骄傲。她说：“站在新的起点上，我要把个人的理想追求融入国家和民族的事业发展中，让巾帼梦与中国梦同频共振，踏实干事创业，让人生的多彩芳华在新时代新征程上尽情绽放。”

（编辑／中国妇女杂志社　苏容）

2017

全国三八红旗手标兵

关改玉	曾任中铁十七局铺架公司钢轨探伤工，现为中铁十七局深圳公司工会副主席、安庆铁路专用线项目试验员
吴亚琴	吉林省长春市社区干部学院名誉院长、长春市妇联兼职副主席、吉林省长春市宽城区团山街道长山花园社区党委第一书记
邹德凤	退休前为南昌大学第四附属医院医疗服务部主任，现为江西省红十字志愿护理服务中心副秘书长
王淑芳	曾任中国交通通信信息中心导航中心副主任，正高级工程师，现为广州海格通信集团股份有限公司总经理助理
吕妙霞	河南省洛阳市孟津县京孟种植专业合作社理事长
孙祁祥	北京大学经济学院教授，国家社科基金重大项目首席专家
高淑贞	山东省济南市章丘区双山街道三涧溪村党委书记
陈少峰	海口出入境边检总站秀英边检站政治处主任
王　莉	四川大学华西临床医学院教授、博士生导师，成都华西海圻医药科技有限公司／国家成都新药安全性评价中心（GLP 中心）、四川康城生物科技有限公司（第三方药效评价中心）、四川格林豪斯生物科技有限公司（实验猕猴繁育基地）创始人

关改玉：钢轨“女神探”

致敬词

迎着烈日，踏着骄阳，每天背负十几斤重的精密仪器行走在铁路线上。与钢轨对话，为钢轨探伤做“B 超”，她是钢轨“女神探”，将全部的青春年华挥洒在祖国的铁路建设事业中，一步一个脚印，走出了精彩的人生轨迹。

关改玉：生于1988年。曾任中铁十七局铺架公司钢轨探伤工，现为中铁十七局深圳公司工会副主席、安庆铁路专用线项目试验员。获评全国三八红旗手标兵、全国五一巾帼标兵、全国五一劳动奖章等。

2009 年 9 月，大学毕业后原本被安排到办公室工作的关改玉坚持要去艰苦的野外工作。靠着不示弱的劲儿，她顺利通过了国家探伤技工资格考试，成为中铁十七局铺架分公司第一批并且是唯一的女探伤工。

“探伤”就是给钢轨做“B 超”，是钢轨焊接的最后一道工序。焊轨队在前面热火朝天地干活儿，探伤工却在一公里以外的地方独自作业。事关铁路行车安全和旅客生命，探伤工要背着十几斤重的精密仪器，每隔 500 米就要蹲下检测焊点，逐一对钢轨焊接接头处进行质量检测，检测铁路钢轨有没有“内伤”、焊缝有没有灰斑或夹杂，铁轨接头是否焊接牢靠，根据损伤情况及时采取措施，确保每个焊点符合标准。这是一个需要丰富经验和高度责任心的工作，关改玉 7 年中检测焊头 8000 多个，准确率在 95%以上。人们称她为“女神探”“钢轨医生”。

关改玉先后参与了海南东环高速铁路、京沪高速铁路、汉宜铁路、宁杭铁路客运专线、津秦铁路客运专线等 10 项国家、省重点铁路工程项目，累计步行 2000 公里以上，平均每个工作日至少步行 16 公里。

夏天，被太阳暴晒的地面温度超过 60 摄氏度，她每天要在毫无阴凉的轨道线上走四五个小时，还要经常攀爬上 20 多米的高架梯，就连恐高症也在不知不觉中被克服了。

2012 年，在津秦铁路客运专线焊轨时，两台焊机双线推进，每天产生三四十个焊点，工作量极大。关改玉白天黑夜连轴转，连续工作30天，耐心细致地重复检验每一个细节，顺利完成了全部抢工任务。她在实践中摸索和积累经验，总结出一套工作方法与工作要领。不但自己练就了“火眼金睛”，还主持撰写了《探伤伤损形成机理及控制方法》手册，其成果在中国铁建及中铁十七局广泛应用推广。由她牵头成立的“铺架工匠孵化室”是国内高铁钢轨建设中第一个由焊接、打磨和探伤三个不同工种组成的课题组，凝聚了各领域创新攻关能手和热衷创新的骨干。据统计，“铺架工匠孵化室”申报国家专利6项，形成工法4篇、优秀科技论文4篇。同时，他们形成的合理化建议创造经济价值数百万元。

2019年，关改玉受邀参加新中国成立70周年系列庆祝活动，并参加了由中宣部组织的“巾帼心向党　奋斗新征程”中外记者见面会，向世界展现中国铁路工人的风采。2021年，她受邀参加中国共产党成立100周年庆祝大会系列活动。2023年1月，她再次当选第十三届山西省政协委员。一步一个脚印，关改玉走出了人生的精彩轨迹。

（编辑／中国妇女杂志社　苏容）

吴亚琴：做居民的贴心人

她一心为民，无怨无悔。30 多年立足社区，敬业奉献，怀里揣着一团火，把居民的大事小情放在心中最重的位置，撑起了社区安全稳定和谐的一片蓝天，架起了党和政府与群众之间的连心桥。

致敬词

吴亚琴：生于 1960 年。吉林省长春市社区干部学院名誉院长、长春市妇联兼职副主席、吉林省长春市宽城区团山街道长山花园社区党委第一书记。党的十九大、二十大代表。获评全国三八红旗手标兵、“最美奋斗者”、“时代楷模”、全国优秀共产党员、全国五一劳动奖章、全国先进工作者、“中国小巷总理”之星、全国模范人民调解员等。

2020 年 7 月 23 日，习近平总书记来到吴亚琴所在的吉林省长春市宽城区团山街道长山花园社区视察，称赞她“工作做得好”，要求把长山花园社区基层治理经验推广到全国。

作为长山花园社区党委第一书记，吴亚琴已扎根社区 30 多年，她模范履行基层党组织带头人职责，创新基层思想政治工作方式方法，探索化解社会矛盾的有效途径，竭尽全力为群众谋幸福，帮助群众解决了大量实际困难，用行动诠释了共产党员的崇高理想和价值追求。

10 年前，长山花园社区还十分落后，屋冷、窗破、路差，没有绿化，私搭乱建现象严重，居民怨声载道，社区治理难度大，民生改善任务繁重。长山花园社区多为老旧楼房，居民一直使用液化气罐烧水做饭，安全隐患很大，燃气改造呼声很高，但燃气公司没有单独与社区对接进行燃气立项的先例。社区党委组织党员和居民代表多次前往燃气公司进行协商，终于打动了燃气公司，同意立项。可新的问题又出现了，根据国家规定，燃气初装需要每户居民缴纳 3300 元的初装费，这对低收入社区居民来说是一笔不小的费用，收费成了新难题。

面对这种情况，在吴亚琴的带领下，社区网格长、楼栋长、单元长轮番挨家挨户走访，苦口婆心劝说，却常常被拒之门外。但社区工作者不气馁、不后退，没日没夜上门做工作，有的居民家甚至走访了一二十次，终于将全部费用收齐，让楼房区彻底告别了使用煤气罐的历史，家家户户用上了环保安全的燃气。

2017—2019 年，各级党委政府大力实施旧城改造、暖房等一系列惠民工程。社区党委积极组织广大党员、居民参与社区建设和治理，他们踊跃担当监督员、质检员、联络员。如今，长山花园社区的房子暖了、道路宽了、环境美了，居民的心气儿也顺了。

“我认为基层治理最重要的就是要坚持党的领导，在实际工作中，我们总结了很多行之有效的工作方法，如‘四量工作法’‘六治融合’‘民事调解十二法’等，我们的工作方法也得到了习近平总书记的高度认可。”吴亚琴说。

习近平总书记的肯定化作吴亚琴继续扎根社区为民服务的动力之源。她的基层社区治理经验已在全国得到推广。她总结出的“社区工作 36 法”成为全国社区干部教育培训的经典教材，培训了全国社区干部 4 万余人次。她怀里始终揣着一团火，为推进社区治理体系和治理能力现代化散发着光和热。

（文／中国妇女杂志社　申敏夏）

邹德凤：
高擎南丁格尔烛光的天使

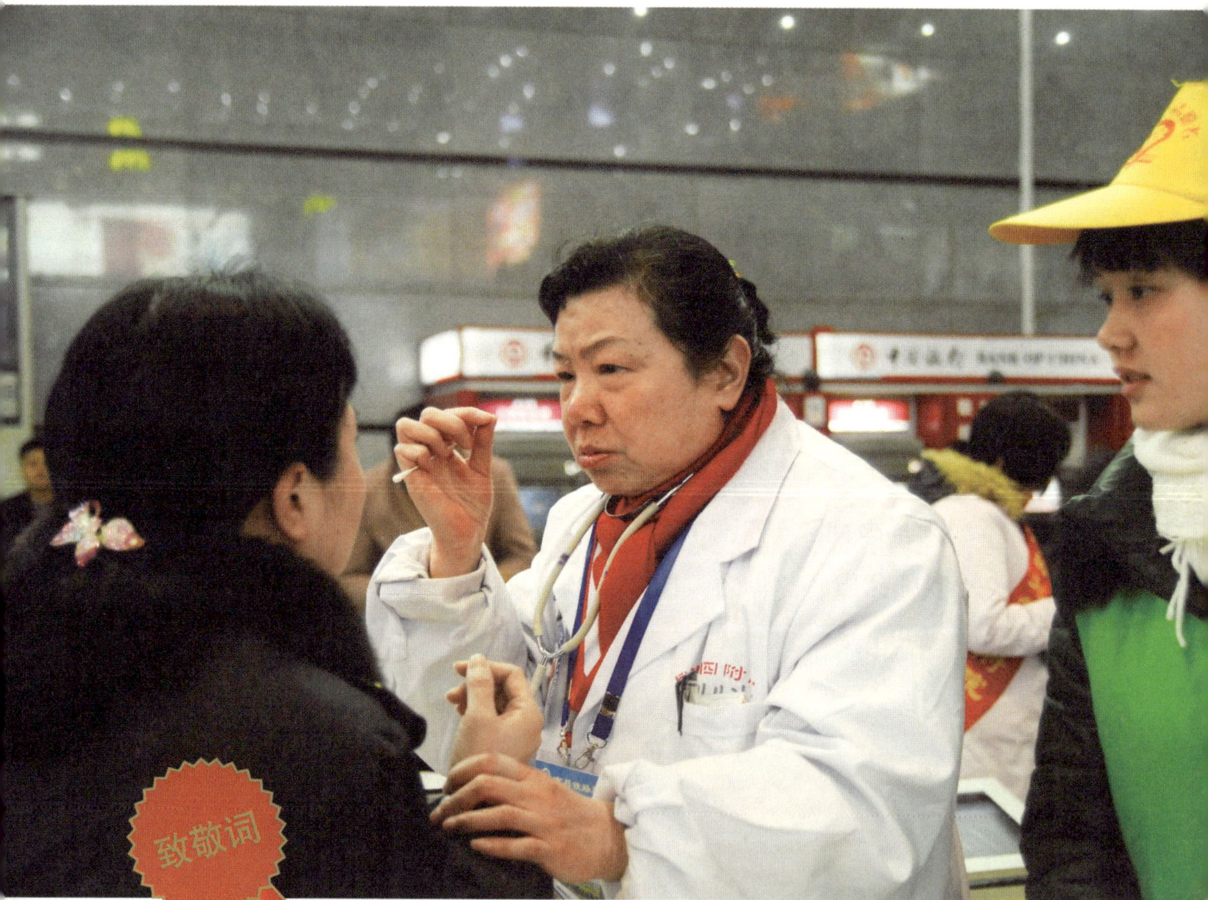

致敬词

她是护士，在平凡岗位践行南丁格尔誓言；她是“超级义工”，30 年志愿服务 6.6 万小时，带动社会各界上万人投身志愿服务。从青春年少到花甲之年，有一分热发一分光，是她对党永不褪色的承诺。

邹德凤：生于1956年。退休前为南昌大学第四附属医院医疗服务部主任，现为江西省红十字志愿护理服务中心副秘书长。第44届弗洛伦斯·南丁格尔奖章获得者。获评全国三八红旗手标兵、全国优秀共产党员等。

30 年、6.6 万小时，这是邹德凤参加志愿服务的时长。这个数字是红十字志愿者最高奖项“终身志愿者”标准的 20 多倍，也因此，邹德凤被人们称为“超级义工”。

每到周末，邹德凤都要带队进社区，挨家挨户上门看望病患和孤寡老人，她的足迹遍布南昌铁路住宅区的每一条街、每一条巷、每一栋楼、每一条楼道。虽然已是花甲之年，邹德凤依然是那个“累不死的小丫头”，这一称号从 16 岁开始，伴随了她 50 多年。

1972 年，邹德凤成了南昌大学第四附属医院（原南昌铁路中心医院）的一名护士。两年后，南昌铁路局沿线十多个站段发生了一场规模较大的疟疾疫情，邹德凤主动请缨，投身到抗疟斗争中，每天早上 6 点多，她就背着沉重的大药箱乘火车奔赴十几个站段，为患病职工发放药品和提供治疗，晚上八九点才能到家，整整坚持了一年半，终于将疫情控制住。在一年半的时间里，她行程 2 万多公里，胶鞋穿烂了 6 双，人瘦了 10 多斤。领导怕她身体扛不住，多次提出让其他医护人员替换她，都被她以自己更熟悉情况为由，婉言谢绝了。

2003 年的非典，2008 年的南方冰冻灾害、汶川大地震，2020 年抗击新冠疫情……面对每一场大考，邹德凤总是挺身而出、义无反顾，为群众送去专业的医疗健康服务。

在南昌大学第四附属医院，很多人都知道，邹德凤工作几十年，竭尽所能购买食品、药品和慰问品，送给了病人和老人，捐给了灾区和生活困难的人。

2016 年 7 月 27 日，邹德凤 60 岁生日，60 岁也是献血最高限定年龄。这一天，邹德凤在江西省血液中心第 17 次参加了无偿志愿献血。

“为了帮助别人，我愿意献出一切，包括生命！”在江西省红十字会的一份《遗体捐献登记表》上，邹德凤郑重地签上了自己的名字，死后要把遗体献给医学研究。2013 年，邹德凤获得第 44 届弗洛伦斯·南丁格尔奖章，这是全球护理界的最高荣誉。

多年来，邹德凤以其真诚奉献的伟大人格魅力，感召了众多社会爱心人士投身志愿服务行列，以她名字命名的“江西省邹德凤公益发展中心”，现有志愿者上万人，是江西省红十字会志愿服务团队中发展速度最快、年龄跨度最大、人员辐射面最广、活力最强的团队。在这支庞大的团队里，有医生、护士、公务员，也有不少在校学生。邹德凤欣慰地说：“我们这个团队，最早的时候只有我一个人，后来一个一个地加入，再后来几个几个地加入，到现在，经常是一群一群地加入。”每逢周末，他们就跟着邹德凤把关爱送进社区、养老院、孤儿院和病房；每到节假日，他们又跟着邹德凤到火车站，为南来北往的旅客提供力所能及的帮助。

2021 年，在中国共产党成立 100 周年之际，邹德凤被授予全国优秀共产党员称号。她说：“我们共产党人就要这样，有一分热发一分光，只要我还能工作，就要努力去帮助更多需要帮助的人。”

（来源／江西省妇联　编辑／中国妇女杂志社　邵玮）

王淑芳：每次选择都不离“北斗”

致敬词

从北斗科研攻关的创始者，转型“交通强国”建设的实践者，再到卫星互联网的追梦新兵，每次华丽转身的背后都是拓荒的艰辛。北斗成就了她的价值和梦想，更成为她一生追“星”的引路坐标。

王淑芳：生于 1972 年。曾任中国交通通信信息中心导航中心副主任，正高级工程师，现为广州海格通信集团股份有限公司总经理助理。党的十九大代表。获评全国三八红旗手标兵、全国先进工作者等。

王淑芳亲历了中国北斗卫星导航系统由蓝图到引航世界的辉煌历程。

1994 年，北斗卫星导航试验系统工程正式立项启动。项目筹备组到北京航空航天大学招聘人才，22 岁的应届毕业生王淑芳选择入伍，加入北斗系统研发，做一件“国之大事”。

经过 700 多天的奋战，1997 年，王淑芳见证了第一台北斗用户机的诞生。28 岁，王淑芳就担任了北斗系统主管设计师，32 岁担任主任设计师。她既是两代北斗系统建设的参与者，也是 4 项国家军用标准的执笔者，多项成果填补国内空白。

王淑芳亲身参与了北斗的孕育、出生和成长，与北斗可谓“母子情深”：为了它，结婚 10 年才要孩子；为了它，“任性”转业——在各种成果和荣誉接踵而至的 2007 年，王淑芳毅然选择从部队转业到交通运输部。“北斗再好，必须得有用户广泛使用，而我国交通行业拥有 1000 多万辆营运车辆、十几万艘营运船舶，还有高速公路、航道、港口等基础设施，是卫星导航的最大用户，我要到交通领域去推动北斗的产业化。”

从科研第一线转到应用第一线，王淑芳走过一段艰难的历程。当时，人们对北斗一无所知，推动北斗应用困难重重。为了让人们眼见为实，她带领团队在高速公路的边坡做实验，在特大桥梁上装设备监控……寻找北斗与交通的结合点，终于成功开展了北斗在道路运输领域的广泛应用。

王淑芳负责开发运营的“全国重点营运车辆联网联控系统”接入了700多万台北斗终端，极大促进了北斗的产业化进程，该系统在保障交通安全方面也发挥了巨大作用，道路运输重特大事故死亡率大幅下降。2020年新冠疫情暴发之初，为有序做好农民工返岗运输，王淑芳带领团队利用北斗数据打造了农民工包车系统，通过车辆动态信息实时联网实现科学管控，解决了运输不畅造成的复工复产人员返岗难题。

尽管工作繁忙，但王淑芳仍在工作之余奔赴全国各地为孩子们科普北斗。2019年，她辗转7个多小时到贵州省给大山深处的孩子们讲述北斗精神和自己的成长经历，点燃了孩子们的科学梦想。

有一次，交通广播电台在播放王淑芳的语音采访，河北省张家口市的一位老师听了后很受感动，向栏目组要了王淑芳的采访录音，想给孩子们上课时听。栏目组把这个消息告诉了王淑芳，她立即决定搭乘绿皮区间火车，从北京赶到张家口给孩子们当面授课。课后，一个小女孩走到王淑芳面前，骄傲但又怯怯地说：“王老师，我爸爸是开大车的，他在用北斗……”王淑芳不仅把航天知识传播给了孩子们，更把爱国情怀植入孩子们的心田。

现在，王淑芳又接受了新的挑战。继北斗之后，我国又启动了一项重大卫星工程——低轨卫星互联网。王淑芳再一次转身，加入军工科技企业——广州海格通信集团股份有限公司，她要继续追“星”，将北斗导航与卫星通信技术深度融合，让现代先进技术走进各行各业。

（编辑／中国妇女杂志社　苏容）

吕妙霞：
心怀大爱的“铁姑娘”

致敬词

情怀注故土，致富为乡邻。她投身“甜蜜的事业”，发展现代智慧农业，带动村民就近就业创业，让乡亲们尝到新型农业的甜头儿，尝到生活的蜜汁，走上了乡村振兴的甜蜜之路。

吕妙霞：生于1968年。河南省洛阳市孟津县京孟种植专业合作社理事长。第十三届、第十四届全国人大代表。获评全国三八红旗手标兵、全国优秀农民工、全国巾帼建功标兵等。

2008 年春节，在北京开了 20 年水果连锁店的吕妙霞回河南省洛阳市孟津县的老家过年，萌生了带领乡亲们种植大棚反季草莓致富的想法。但祖祖辈辈种麦子的乡亲从来没见过大棚里种水果，吕妙霞决定自己先干起来。

2009 年，在当地妇联的关心和帮助下，吕妙霞投资 600 多万元，在孟津县送庄镇朱寨村承包了 150 亩土地，建了 67 个草莓大棚。

第一年种草莓并不顺利。刚入冬，一场没膝深的大雪就把新建起来的大棚压坏了。棚倒人不倒，吕妙霞抹干眼泪，带着员工刮雪、搭棚，整整干了一星期，才把倒下的架子和大棚一个一个扶起来。当年 12 月，十里香草莓园里的草莓挂果，订购电话几乎被打爆。吕妙霞意识到，返乡创业种草莓这条路走对了。

第二年，吕妙霞又多流转了 1200 亩土地，还在园区盖了几间木头房子当作办公室和员工休息室。当年 9 月，一场多年不遇的 14 级龙卷风和大暴雨再度把她打入深渊。但吕妙霞没被打倒，她决定从头再来，因此成了乡亲们口中的“铁姑娘”。

吕妙霞成立孟津县京孟种植专业合作社，开出了优惠条件：有资金的可以承包土地，自己建棚、自己管理，合作社在技术和销售上给予大力支持；没有资金的可以租园区的大棚，等有了效益再给钱；基地周边发展草莓种植的，同样可加入合作社，可以使用合作社的品牌、种苗和技术，统一包装、收购、销售。

吕妙霞无偿借款给愿意加入合作社的人，从建棚到技术管理，包括后期销路，每个环节都为他们提供支持。

2012 年，吕妙霞投资 600 万元建起了十里香休闲农业观光园，占地 1320 亩，以农业观光、农业休闲功能为主，同时兼具乡村旅游文化、采摘活动、休闲活动、科普文化、研学旅行教育、青少年校外技能体验等。这里四季有花，月月有果，草莓、樱桃、袖珍西瓜、大鲜桃、酥梨、葡萄、火龙果、水培蔬菜……其中十里香“红颜草莓”被推介为全国名特优新产品，十里香葡萄、十里香草莓被农业农村部认定为绿色食品，其余为无公害产品。“十里香”“铁姑娘”两个品牌在 2017 年进入国家级田园综合体。

2018 年，吕妙霞事业再上新台阶，投资 800 万元建起了 8000 平方米的现代农业科普研学馆。通过鱼菜共生、水培、雾培、基质栽培、空中栽培、二十四节气科普文化、南方珍稀植物栽培等 85 个乡村文化旅游展示点，给游客，特别是中小学生搭建了开展社会实践劳动、动手动脑研学的平台，打造了以研学旅游为载体、科普文化教育为灵魂的新型旅游业态，成为打赢脱贫攻坚、实施乡村振兴战略的重要平台和载体。

截至目前，京孟种植专业合作社累计投资 6000 万元，建设草莓大棚 420 余个，带动 5000 多人创业就业，帮助 316 户农户走上致富路，走出了一条乡村振兴的“甜蜜路”。

（编辑／中国妇女杂志社　苏容）

孙祁祥：站上国际领奖台的中国教师

致敬词

她是北京大学经济学院百余年历史上首位女院长，也是国际保险学界最高奖——约翰·毕克利创始人奖的首位女性获奖人。她师才卓著，不让须眉，以学术魅力和人格魅力征服了万千学子，也为世界保险业提供了中国样本。

孙祁祥：生于 1956 年。北京大学经济学院教授，国家社科基金重大项目首席专家。享受国务院政府特殊津贴。曾任北京大学经济学院院长、亚太风险与保险学会主席。获评全国三八红旗手标兵等。

2012 年，在北京大学经济学院百年院庆时，时任院长的孙祁祥曾自问：北京大学经济学院让人高山仰止，你为这高山增添了怎样的石？“唯有努力工作，努力奉献，才能对得起这份荣幸，对得起续写经济学院百年辉煌的使命！”

退休前的孙祁祥，一直承担着本硕博一线课堂教学任务，其前沿的教学内容和新颖的教学方式得到广大学子的喜爱，曾获北京大学“十佳教师”“十佳导师”称号。2017 年，孙祁祥作为教师代表在北京大学开学典礼上以《珍惜》为题致辞，引发各界强烈反响，当年全网阅读量超 3 亿人次。

孙祁祥的爱好多到令人惊叹。小时候，她拉过小提琴和二胡，中学参加乒乓球队，得了 4 年校冠军，还得过北京大学研究生女子乒乓球赛亚军。大学时代，她是系排球队队长。她爱游泳、爱滑雪、爱玩牌……爱好是工作的调剂，也训练了她从一个领域快速进入另一个领域的应变能力。她是一位优秀的学科带头人。由她主持的包括国家社科基金重大项目在内的数十项国家级、省部级课题，以及在国内外学术刊物上发表的 20 余本专著、译著和 200 多篇论文，在国内相关领域的政、产、学界都产生过重要影响。

孙祁祥还是一位出色的教学科研管理工作者。作为北京大学风险管理与保险学系的创始主任，她带领团队，励精图治，用不到 30 年的时间，将其建设成为国家级特色专业，并获得首届“全球优秀保险学科”国际认证。作为北京大学经济学院的首位女性院长，她锐意进取、开拓创新，勤勉敬业、甘于奉献，为学院的发展改革作出了突出贡献。

孙祁祥也是一位卓越的国际交流使者。她经常受邀去国外的大学、研究机构和学术团体讲学、交流，学术足迹遍布世界各地，为推动中国风险管理与保险学界的对外学术交流起到了探路人和领路人的作用。她是迄今为止唯一一位连续十余年担任美国国际保险学会（IIS）学术主持人的中国学者，也是唯一一位连续十多年担任这一职务的亚洲学术主持人，并且是该学会董事会里的第一位中国大陆学者。她是第一位受邀在美国风险与保险学会（ARIA）年会上（1996 年）宣读学术论文的中国大陆学者，是第一位被《美国风险与保险学会》会刊进行专题人物介绍的亚洲人，被外国同行誉为“具有将中国保险教育和西方保险教育完美结合的非凡能力”。

2014 年，在英国伦敦召开的美国国际保险学会第 50 届年会上，美国国际保险学会将约翰·毕克利创始人奖授予了孙祁祥，她也由此成为该奖项自 1972 年设立以来荣膺此称号的首位中国学者和女性获奖人。美国国际保险学会评奖委员会主席伯恩哈德·芬克评价道：“她的工作和领导力不仅影响了中国的保险学理论与实践，而且把这种影响带到了世界各地。”

（编辑 / 中国妇女杂志社　苏容）

高淑贞：
头雁带飞，众雁齐追

致敬词

她坚守“让乡亲们过上好日子”的承诺，带领两个“贫困村”“问题村”，走出一条“抓党建带全局、抓班子带队伍、抓民生奔小康”的新路，树立起乡村振兴的“齐鲁样板”。

高淑贞：生于1965年。山东省济南市章丘区双山街道三涧溪村党委书记。党的二十大代表。获评全国三八红旗手标兵、全国优秀党务工作者、全国道德模范、全国基层理论宣讲先进个人等。

“我们一定把党中央的各项政策用足用好，发挥农村党组织战斗堡垒作用，坚决不让一个人掉队。”

山东省济南市章丘区三涧溪村党委书记高淑贞至今记得2018年习近平总书记考察时的情景。“总书记强调，农业农村工作，说一千、道一万，增加农民收入是关键。”

曾在中央电视台综合频道黄金时间播出的电视剧《三泉溪暖》，正是以高淑贞为原型，讲述三泉村党支部书记高云溪以党建引领产业转型升级、实现新旧动能转换、引领乡村振兴的故事。27集的电视剧刻画了一名优秀的基层党员干部带领党员群众担当作为，舍小家、顾大家，努力为党旗添光彩、为人民谋福祉的生动形象。

1996年，正在中学任教的高淑贞经镇党委任命，担任济南市章丘区东太平村党支部书记。她带领村民干纺织、建烧窑、抓养殖，修通柏油路、用上自来水、架起新电网，改变了村里的落后面貌，让村民的日子一天比一天红火，高淑贞也因此成为远近闻名的“女能人”。

2004年，高淑贞担任三涧溪村党总支书记，交接工作时，她拿到了一张实际收入为0、负债80万元的收支表。三涧溪是有3300多人的大村，也是出了名的穷村、乱村，从1998年到2004年，6年时间换了6任村党支部书记，人称“神仙也治不了的三涧溪”。

有过东太平村的工作经验，高淑贞知道，想要干好农村工作，最重要的是抓民心，做群众的贴心人、知心人、暖心人，从乡亲们最急切、最需要的事做起。

通路、通水，是高淑贞在三涧溪村啃下的第一块硬骨头。“当时村里账上一分钱都没有，我只能用自己的房子抵押贷款。”回忆起当时的经历，高淑贞笑着说。那时，她天天顶着烈日守在施工现场，声带发炎说不了话，就在纸上写字，跟施工方沟通；钱用完了，就找自己的关系借，用自己的信用担保。由于村里私搭乱建严重，自来水管道没法施工。高淑贞只能一家家做工作，直到群众点头为止。通水、通路的那天，乡亲们放起了鞭炮，高淑贞却病倒了。

正是凭着这样一股干劲儿，短短几年，三涧溪村由负债 80 万元到集体收入 300 余万元，村民人均年收入超过了 2.8 万元。三涧溪村也由乱到治，变成远近闻名的乡村治理示范村。

“章丘是济南‘东强’战略的龙头，脱贫致富后的三涧溪村作为章丘区擦亮‘乡村振兴齐鲁样板’中的重点村、示范村，我们有责任和义务扛起乡村振兴的大旗。”高淑贞说。这些年来，高淑贞牢记习近平总书记的嘱托，在引导青年人返乡创业上下足功夫。“三涧溪村是全国文明村、全国乡村治理示范村，守好这块‘金牌’，需要不断注入新血液。”

在高淑贞的帮扶下，三涧溪村返乡的年轻人已经超过 200 人。头雁带飞，众雁齐追，村民携手一起奔向共同富裕，为乡村振兴增添动能。

涧溪暖阳，风光正好。“我们国家现在全面推进乡村振兴，我们一定要保持一颗为民的初心，勇于担当作为，推动共同富裕，让老百姓都过上好日子，一个都不能掉队。”

（文／中国妇女杂志社　杨华）

陈少峰：边防警花绽放天涯海角

致敬词

在犯罪分子眼中，她是闻之胆寒的克星；在受危群众眼中，她是转危为安的希望；在孤寡老人眼中，她是亲如己出的闺女；在困难儿童眼中，她是最美、最亲的妈妈；在边防官兵眼中，她是知心、贴心的大姐。忠肝义胆、侠骨柔情，她书写了边防警花的铿锵传奇。

陈少峰：生于1982年。海口出入境边检总站秀英边检站政治处主任。获评全国三八红旗手标兵、全国巾帼建功标兵等。

“绝不能让一个工人兄弟留在工棚里面，必须全部安全转移出去。”

2014年7月18日，超强台风“威马逊”登陆海南，时任海南公安边防总队海口支队西海岸边防派出所代理政治教导员的陈少峰，带领民警迅速转移一建筑上的民工。“威马逊”横扫海南时，全省组织撤离和转移安置38.6万人，其中500余人是由陈少峰带领民警，用7小时安全转移的。

陈少峰，现为海口出入境边检总站秀英边检站政治处主任，很多人第一次听这个名字，都以为是男性。“其实在部队不分男女，警察也是一样，干起活儿来没有人会想到说你是女的，没有人是特别的。”

抗灾抢险冲在第一线，执法办案时毫不手软，陈少峰是海南边防有名的“铿锵玫瑰”。

“不许动，再动就开枪了！”就在犯罪嫌疑人把手伸进枕头下的瞬间，身手矫健的陈少峰死死摁住他的手厉声警告，迅速搜出一把仿真手枪。“那危险的瞬间，峰姐就像警匪片中的潇洒女神警。”和她一起实施抓捕的民警说。

出生军人家庭，陈少峰高中毕业时执意报考武警学院。她进入警营不久，便申请从内勤岗位调到以男性警官为主的治安民警岗位。被问及为什么选择到比较辛苦的岗位时，陈少峰回答道：“我想多体验一下，而且喜欢做一件事，也就不觉得辛苦了。”因工作成绩突出，28岁，陈少峰就被任命为海口支队西海岸边防派出所代理政治教导员，成为当时全省边防部队中最年轻的基层主官。

陈少峰巾帼不让须眉，带领干警执勤巡逻、抓捕嫌犯、侦察破案，始终战斗在巡防管控第一线，先后参与办案150余起，抓获各类犯罪嫌疑人近百人，特别是以娴熟过硬的擒敌技术亲手制服持枪罪犯，尽显边防女警的飒爽英姿。她关爱百姓疾苦，常年关爱辖区孤寡老人、病患及无助儿童，想方设法帮助他们办实事、解难事，凭借着女性的细腻和亲和力，用真心换来了群众对边防工作的理解与支持。她关心官兵成长，千方百计为战士成长进步牵线搭桥，晓之以理、动之以情地做好官兵思想工作，竭尽所能推动家属就业、特困救助等“暖心工程”落实落地，在官兵中具有极高的威信。

在任海南公安边防总队训练基地、边防医院政治处主任期间，陈少峰大力加强和谐警营文化建设，在她的推动下，训练基地和边防医院建起了警营网吧、文化综合室、健身房、荣誉室等一批文体活动场地，丰富了官兵文化生活。

在边防医院，陈少峰加强与美兰区双拥办的沟通联系，搭建起军民沟通的桥梁，并利用医院现有资源，定期为海口市美兰区百岁老人和新安社区居民开展健康义诊活动，为驻地百姓提供医疗服务。

在2018年年底至2019年年初的公安边防部队改革转隶期间，陈少峰坚决服从安排，顺利完成从一名边防女警向一名边检女警的转变。她说，她要为国家移民管理事业接续奋斗，为海南自由贸易试验区、中国特色自贸港建设贡献力量！

（编辑／中国妇女杂志社　张姿）

王　莉：
新药安全性的“把关人”

致敬词

从无到有、从小到大，再到行业标杆，她为国家级新药临床前安全性评价中心的建设倾注了全部的心血。她把国家需要作为毕生追求，为推动中国新药安全性评价与国际接轨作出了开创性贡献，推动中国创新药物走向世界。

王莉：生于1956年。四川大学华西临床医学院教授、博士生导师，成都华西海圻医药科技有限公司/国家成都新药安全性评价中心（GLP中心）、四川康城生物科技有限公司（第三方药效评价中心）、四川格林豪斯生物科技有限公司（实验猕猴繁育基地）创始人。获评全国三八红旗手标兵等。

1982 年，王莉在华西医科大学毕业后，留在华西医院从事药物制剂研究工作。8 年时间，王莉和实验室其他老师一起，共同研究出我国第一代组织保养液、第一代腹膜透析液、第一个进入临床试验的微泡造影剂……

1990 年，王莉去日本名古屋大学医学部留学，她珍惜学习机会，一头扎进实验室，其间在国内外权威医学杂志上先后发表论文 50 多篇。

2001 年，王莉作为人才引进回国，创建了由华西医院牵头投资组建的国家成都新药安全性评价中心（GLP 中心）。GLP，即优良的实验室管理规范，新药用于人体之前，必须通过符合 GLP 要求的实验进行评估，方可确定是否进入临床试验，它是新药用于人体前的最后一道防线，王莉和她的同伴们便是这道防线上的“把关人”。为确保 GLP 实验用上优质、稳定的高端实验动物，2011 年创建了由华西医院投资的四川格林豪斯生物科技有限公司，打造中国首个集“养、研、用、保”一体化的现代化非人灵长类猕猴繁育基地。为打造新药研发上下游生态链，2013 年，在华西医院投资支持下，创建了国内第一家人类重大疾病非人灵长类动物模型研发及应用基地。

按当时设计要求，GLP 中心实验污水排放可以按照三级排放标准，但王莉坚持按一级标准设计，她说："地球只有一个，如果破坏了环境安全，还谈什么人类安全用药！"王莉坚持以工业化的规模、产业化的标准、国际化的目标为建设理念，带领创业团队，致力于打造国内一流的药物非临床研究评价专业化机构。历经20余年，在国家发改委、科技部、卫健委、工信部以及各级政府的支持帮助下，GLP中心从起步时的3000多万元投资到累计投入超过20亿元，设施规模也从8000平方米达到8.1万平方米，可同时开展300余项试验研究。中心团队也从3个人发展到1500余人，大多以海外归国人员为主，包括科学、技术、法规及质量管理等团队，涉及药效学、毒理学、药代动力学及生物分析等研究评价，支持药物全球注册申报的专家队伍，实现了从实验室到服务产业化的飞跃发展。

GLP中心采用的是国内一流的实验设施与装备，国际先进的检测设备和分析仪器，并建立起国际认可的计算机数据采集系统、中英文双语标准操作规程（SOP）；具备了完整系统开展新药临床前安全性评价技术服务体系，为国内外用户提供符合国家药品监督管理局（CFDA）及美国食品药品监督管理局（FDA）的GLP要求的新药安全性评价技术服务。

从无到有、从小到大，再到行业标杆，王莉为GLP中心建设倾注了全部的心血，先后荣获"十一五"国家科技计划执行突出贡献奖、国家科技进步奖二等奖、教育部科技进步奖一等奖等。未来，她将继续带领创业伙伴，为中国创新药物成果转化、为中国药物走向世界贡献智慧和力量。

（文／张素军　编辑／中国妇女杂志社　苏容）

2018

全国三八红旗手标兵

余留芬	贵州省六盘水市盘州市淤泥彝族乡岩博村党支部书记
王　宜	中国中医科学院广安门医院食疗营养部主任营养师，著名食疗营养专家
乌云苏依拉	退休前为内蒙古自治区阿拉善盟额济纳旗赛汉陶来苏木孟格图嘎查党支部书记
杜丽群	广西壮族自治区南宁市第四人民医院艾滋病科护士长
秦　川	实验病理学家，中国医学科学院学部委员，北京协和医院比较医学中心主任，北京协和医学院长聘教授、博士生导师
俞丽拿	小提琴演奏家，上海音乐学院教授、学科带头人
杨苗苗	安徽省蚌埠市公共交通集团有限公司 107 路“苗苗线路”1060 号车驾驶员
黄志丽	福建省漳州市芗城区人民法院党组成员、副院长、三级高级法官
于　静	退休前为中国中车股份有限公司大连机车车辆有限公司钢结构分公司高级技师

余留芬：“人民小酒”的情怀是百姓

致敬词

23 年村支书生涯，她扎根农村，是脱贫奔小康的带头人；始终把人民捧在心上，她带领村民奋进新征程，用双手打造出乡村产业振兴的生动样本；连续 4 次参加党代会，她是拼搏在最基层的优秀党代表。

余留芬：生于1969年。贵州省六盘水市盘州市淤泥彝族乡岩博村党支部书记。党的十七大、十八大、十九大、二十大代表，第十三届全国政协委员。获评全国三八红旗手标兵、“改革先锋”、“最美奋斗者”、全国脱贫攻坚奖奋进奖、全国优秀共产党员、全国五一劳动奖章等。

她是连续四次参加全国党代会的党代表。在党的二十大上，余留芬看到大会报告中关于乡村振兴、基层治理、民生保障的内容，感到“越看越温暖，越听越有劲儿”。

余留芬至今清晰记得她参加党的十九大时的情景。2017 年 10 月 19 日，习近平总书记参加贵州省代表团审议时，余留芬向习近平总书记汇报了岩博村产业脱贫的情况。当习近平总书记听到岩博村建起了养殖场、火腿加工厂等产业，特别是酒厂吸纳村民入股，带动村民共同致富，感到十分高兴。之后“人民小酒”迅速火遍全国。

今天的岩博村是全县首富村、全国闻名的先进村，酒厂、林场、蔬菜大棚、养殖场、火腿加工厂多业并举，还发展起了休闲农业和旅游业，全村集体资产上亿元，年人均收入数万元。而在 1999 年，余留芬临危受命出任村支书时，这个深处高寒山区的彝族村还在贫困线上苦苦挣扎。不通路、不通水、不通电，把村民隔绝在了温饱都难以解决的大山里，全村人均年收入不足 800 元，村集体账面上还欠着几万元的外债。

当年，作为全村最早创业起家的“女能人”，余留芬善于经营的头脑和敢想敢拼的闯劲儿深受村民赏识，村“两委”选举，大伙儿选她任岩博村的党支部书记，希望她带领乡亲们共同富起来。担任村支书那年，余留芬刚满 30 岁。

走马上任第七天，余留芬就带领村民开始修路。她带头把自家一部分地置换给被修路占地的村民，很快啃下了“征地”这块硬骨头，又自掏腰包 4 万元买来钢钎、大锤、水泥、炸药等工具，和男劳力一起抡锤掌钎、肩扛手抬……三个月后，几乎与世隔绝的岩博村终于有了第一条通向外界的公路。

虽然路通了，但一穷二白的岩博村靠什么来致富？余留芬想到了已被转卖出去的一片林场，她拿出家里仅有的几万元，又四处奔走以个人名义筹借，赎回了林场。她带领村民通过林木间伐，售卖给附近煤矿企业做坑木，很快将借款还清，还有了盈利：8 万元。这是第一笔属于岩博村的收入。

2004 年，余留芬看准了彝家传承百年、古法酿造的小锅酒有市场前景。她拿出自家变卖加油站的 1000 万元以及此前盈利的 3000 多万元，又以个人名义贷款、筹钱，建起了如今效益最好、知名度最大的岩博酒厂。多年过去，她把倾家荡产建起的酒厂变成了全村人的希望。如今村民入股参与分红，成了酒厂的主人，她个人却仅占股 3.7%。正如她所说，之所以我们把这款酒叫作“人民小酒”，表达的就是“人民小酒为人民”的情怀。

习近平总书记指出，新时代的伟大成就是党和人民一道拼出来、干出来、奋斗出来的！余留芬表示，这将激励岩博村人继续奋斗，为推进新时代乡村振兴、推动农业农村现代化贡献智慧和力量，以新征程新作为新成就，向总书记汇报！

（文／王婕　编辑／中国妇女杂志社　王晓艳）

王　宜：食疗营养学的开创者

致敬词

从事临床营养食疗40余年，她不断研究探索，实现中国传统医学与现代营养学理论的有机融合。她走遍大江南北，开展营养科普和健康教育，将“治未病”理念根植百姓生活。

王宜：生于 1960 年。中国中医科学院广安门医院食疗营养部主任营养师，著名食疗营养专家。第十四届全国政协委员。获评全国三八红旗手标兵、亚洲现代营养学特殊贡献奖等。

在营养学领域，王宜一直是开拓创新者，她以“医食同源”“药食同源”为理论基础，起草《国家中医医院营养部建设与管理指南》行业标准，填补了食疗营养中西医结合的临床营养治疗空白。她率先建立国内首个食疗营养部，引入国际营养联合支持模式，完善中医临床营养重症会诊制度，实现医、药、养联合查房和治疗，形成食疗营养学的“中国样本”。她创办了国内唯一的食疗营养免费门诊，为很多重病患者送去了福音。

王宜认为，中医药文化是中华优秀传统文化的重要组成部分，必须大力普及中医药文化，激发中医药的多元价值，才能发扬光大中医药文化，让全世界认知中医药文化。她说：“中医药有个经典理念叫‘药食同源’，中医药将传统饮食文化和药食同源相结合，推广食养、食疗、药膳理念。如果我们能够将药食同源的种植食物搬上餐桌，不仅能更好地推广中医药文化，也能产生经济和社会双效双赢。”

王宜多次为国家重大活动项目提供营养保障。她长期承担中国乒乓球队和国家短道速滑队的营养指导，研制配方帮助参赛队员克服营养补给短时、快速、高效的难题。她出色地完成新中国成立 60 周年阅兵、远望号科考、辽宁舰训练、神舟十一号载人航天等一系列重大活动的人员营养保障任务。她第一时间随空军部队进入汶川地震灾区，及时解决官兵在恶劣条件下因体力透支和免疫功能下降出现的病症难题，保障救灾部队的战斗力……

王宜十分看重全民营养科普和健康教育，主张“治病于未病”。“治未病，指的是未病先防、已病防变、瘥后防复，这一直是中医药倡导的生活理念。”从北京到唐古拉山，从海南到新疆，王宜的足迹遍布全国各地，常年进行志愿宣讲，帐篷农舍、田间地头都是她的讲堂。2004 年起，她开始在电视上向大众科普营养知识，在报纸上开辟健康专栏，在网上发布科普文章。几年下来，先后开办大型讲座 500 余场，与 2000 多万名观众面对面，录制电视节目 400 多期，发表科普文章近 2000 篇，健康博客点击量近 460 万，微博粉丝 18 万人。

王宜还把公益讲堂开进幼儿园和校园。从 2017 年开始，她着手创作《本草童谣》，并在部分幼儿园试推广，用儿歌的形式把中医药功能、烹饪、营养学融在一起，把健康教育融入中国传统文化教育中，为孩子们建立起基本的营养健康理念，为他们一生的健康打下坚实的基础。

王宜还特别注重女性在建立家庭健康饮食习惯上的作用，以“妇女健康带领小家健康，引领大家安康”为主题，深入各地，直接培训了数千名女性。

从理论研究到临床应用，从个案食疗到群体防控，从治疗到保健，王宜不断研究摸索中国传统医学与现代营养学的结合，为增进百姓健康福祉、建设健康中国贡献力量。

（文 / 李晓珊　编辑 / 中国妇女杂志社　王梓蓉）

乌云苏依拉：带牧民转产致富的领头雁

致敬词

从“牧羊女”到“领头雁”，乌云苏依拉扛着肩上沉甸甸的责任，带领嘎查人民走向金灿灿的幸福，不负党的期望，不负群众的信任。

乌云苏依拉：生于1967年。退休前为内蒙古自治区阿拉善盟额济纳旗赛汉陶来苏木孟格图嘎查党支部书记。党的十九大代表。获评全国三八红旗手标兵、全国民族团结进步模范个人等。

乌云苏依拉担任嘎查（嘎查相当于村）党支部书记 20 余年，时刻秉持“对党忠心、干事实心、无私公心、为民初心”，带领辖区的农牧民群众完成了搬迁转移、转产致富等一系列大事，过上了富裕美好的新生活。

1997 年，刚满 30 岁的乌云苏依拉当选孟格图嘎查党支部书记。上任伊始，便面临带领农牧民转移搬迁的艰巨任务。孟格图嘎查位于黑河额济纳段西河上游，112 户牧民分散居住在戈壁深处。当地降水量少、蒸发量高，生态环境非常脆弱，为了保护和恢复生态，政府启动了转移发展战略，号召农牧民搬出草场。

乌云苏依拉祖祖辈辈都是牧民出身，和大多数农牧民一样对草原有着深刻的眷恋，但她决心把国家和人民的利益放在首位，以身作则，带头执行。她一边组织嘎查“两委”班子深入牧民家中耐心做工作，一边组织农牧民到各迁入区考察学习，使他们切身认识到生态恶化带来的后果，明白“绿水青山”的重要性，看到搬迁转移后生活的新希望。在她的努力下，仅仅两年时间，孟格图嘎查的农牧民全部搬迁转移出生态脆弱地区，率先在全旗完成了退牧还草任务。

走出了草原，另一项难题摆在眼前——如何带领大家转产致富。孟格图作为传统牧业嘎查，产业结构单一，人均年收入不足 2000 元。乌云苏依拉把提高农牧民收入作为第一要务，率先探索致富之路。经过调研，她毅然拿出全部积蓄，加上贷款，在纳林高勒移民新区开办了首家蒙古族风味饭馆。小饭馆很快火了起来，逐渐发展成了年纯收入达50万元的特色餐厅，并荣获“自治区乡村旅游星级接待户”称号。率先致富的她现身说法，积极鼓励嘎查农牧民大胆创业、自力更生，主动帮助他们出主意、谋发展。

20多年来，乌云苏依拉通过多方协调争取到“少数民族发展资金”等各类扶持资金2600余万元，用以修路、拉电、实施乡村美化工程和安全饮水工程等，让昔日黄土漫天的嘎查变为风景秀丽的新牧区。2017年，京新高速开通后，便利的交通又带来了新的商机，乌云苏依拉带领嘎查农牧民经营饭店、商店、旅店、物流、洗车及出租车服务等，打开了致富新门路。同时，她还组织大家种植梭梭树、发展家庭牧场，要求党员干部带动联系户。孟格图嘎查形成了“先富带后富、户带户、邻帮邻”的精准扶贫联动，人均年收入达到2万余元，一跃成为“全国百强嘎查”。

乌云苏依拉不仅是孟格图嘎查的“女当家”、致富“领头雁”，更全心全意地关心帮助身边的每一位群众。多年来，她为牧民做的好事数不胜数——护理瘫痪卧床的牧民，义务赡养五保户老人；资助嘎查4户困难家庭的孩子上学，资助数名困难大学生完成学业；自掏腰包为贫困户装修房屋、添置家具、偿还贷款……哪怕是身体原因卸任支书后，她依然时常去困难户家里转转，看看有什么需要帮忙的地方。

提到乌云苏依拉，当地人都竖起大拇指：“她帮助过的人，就像草原上的羊群一样数不清。”

（文／李晓珊　编辑／中国妇女杂志社　王梓蓉）

杜丽群：“绝地阳光”的白衣天使

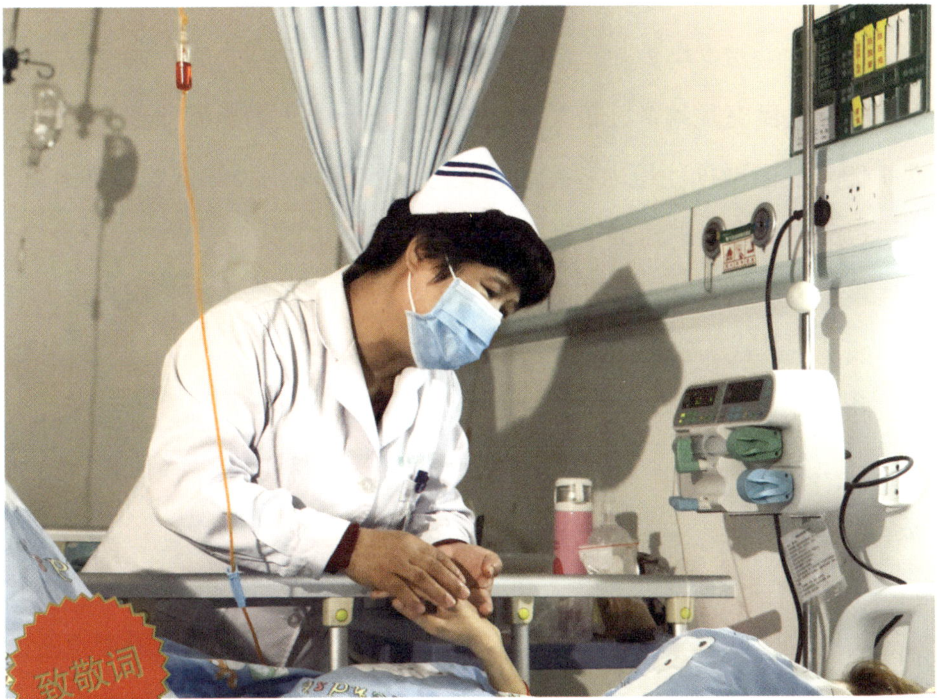

致敬词

她是绝地温暖的阳光，是身穿白衣的天使。护理艾滋病患者超过 1 万人次，她以燃灯者的精神，将患者“背过”痛苦之河，为他们重燃生命之火。不歧视、不放弃、不抛弃，她把“遵守”“尊重”“尊严”写在每一天的护理之中，携手艾滋病患走向新生。

杜丽群：生于 1965 年。广西壮族自治区南宁市第四人民医院艾滋病科护士长。荣获弗洛伦斯·南丁格尔奖章、白求恩奖章。获评全国三八红旗手标兵、全国五一劳动奖章、全国民族团结进步模范个人、“最美奋斗者”等。入选“中国好人榜”。

由于艾滋病感染力强、危险度高，人们普遍存在偏见。2002 年，南宁市第四人民医院筹备开设艾滋病专科，但没有人愿意做艾滋病人的护理工作。杜丽群顶住压力，主动报名参加艾滋病相关知识培训和进修，为承担艾滋病患者护理工作迈出了重要的一步。

传染病患者，特别是艾滋病患者的护理环境特殊，每个病人每天静脉输液 2 ~ 3 次、10 瓶左右，不但护理工作量较大，医护人员被针头扎破皮肤等职业暴露风险也大。同时，艾滋病患者往往生理、心理比较敏感脆弱，经常会有一些意想不到的过激言行。但杜丽群不急不躁，冷静应对，大度包容。

2005 年，医院艾滋病专科正式成立，她主动请缨，开始全身心地投入病区的区域划分、人员培训、制定护理常规、落实消毒隔离规范措施，以及护理艾滋病患者的工作。在她的带领和影响下，艾滋病专业护理人员从刚组建时的 11 名发展到 47 名，其中有 5 位护士在工作期间怀孕，按照规定可以调离，但她们无一人要求调换岗位。

有的病人查出人类免疫缺陷病毒（HIV）阳性后，被家人抛弃了，但杜丽群不歧视、不放弃、不抛弃。在她的帮助下，有位病人不仅控制住了病情，还与女病友结了婚，生下了一个健康的男婴。每当病人唤她“杜大姐”时，她心里都美滋滋的，这说明病人已经把她当作了亲人，这种成就感是无可替代的。

2015 年 9 月 30 日，是杜丽群人生中最闪亮的日子。这一天，习近平总书记在北京人民大会堂接见来自 5 个自治区的 13 名基层民族团结优秀代表，杜丽群是其中的壮族代表。当习近平总书记走近她身边时，她邀请总书记到美丽的广西来看一看，没想到总书记爽朗答应：“好！”

2017 年 4 月 20 日，习近平总书记来到广西，杜丽群应邀出席了基层代表座谈会，并向总书记汇报了工作。

见到习近平总书记那天，杜丽群失眠了。总书记强调民族团结的重要性，对她触动很大。“在我们医院就医的艾滋病患者有不少是少数民族，为他们治疗好、服务好，就是做好民族团结工作。”于是，杜丽群在工作中更加有意识地尊重少数民族患者的风俗，同时纠正他们生活中的不良习惯。

在紧张的护理工作中，杜丽群还开展了边疆少数民族艾滋病治疗的课题研究，“广西地处边疆，艾滋病发病率较高。做这个课题，目的是让生活在闭塞地方的艾滋病患者，也能享受到国家的相关政策，掌握艾滋病治疗知识，按时按量服药，使身体得到较好恢复，回归正常的社会活动和生活”。

在南宁市第四人民医院建立的杜丽群劳模创新工作室，杜丽群经常给广西医科大学的学生们讲课。谈及工作中遭遇的种种艰辛，她说：“只要有对病人的爱和理解，就什么难关都可以跨越。”在工作室的走廊里，“遵守”“尊重”“尊严”三个词赫然于墙上，她说，这是自己一直以来的信条，恪守职责，尊重每一个生命，用大爱撑起生命禁区的蓝天。

（编辑 / 中国妇女杂志社　张姿）

新时代
巾帼楷模

秦　川：
战“疫”一线的幕后英雄

致敬词

在看不见硝烟的抗疫一线，她是幕后英雄；在鲜为人知的实验动物学上，她是创新开拓者。她说，幸福的工作没有起点，只有无数“第一个”；科技攻关没有终点，只有无数“下一个”。

秦川：生于1959年。实验病理学家，中国医学科学院学部委员，北京协和医院比较医学中心主任，北京协和医学院长聘教授、博士生导师。享受国务院政府特殊津贴。荣获首届全国创新争先奖、国家科学技术进步奖二等奖。获评全国三八红旗手标兵、最美科技工作者等。

国外已有百年历史的实验动物科学，在中国只有 40 年。中国医学科学院医学实验动物研究所 / 北京协和医院比较医学中心，是中国唯一的国家级实验动物学、比较医学专业研究机构，拥有亚洲唯一的国际实验动物科技人才培训基地。而秦川主持的动物模型攻关，是国家部署的新冠疫情科研攻关五大主攻方向之一。

新冠疫情暴发后，在秦川主导下，研究所完成了诸多“全球第一”：第一个科学证实了新冠病毒受体和致病病原体，揭示了病理特征，在国际上率先构建了动物模型；第一个解决了新冠疫苗研发的“卡脖子”技术，使中国成为第一个可以按照科学程序研发新冠疫苗的国家；评价了国家部署的 80% 疫苗，第一时间将该技术和标准提供给世界卫生组织，被各国科学家和欧美疫苗研发机构采用；国内外第一个上市的新冠疫苗几乎都在这里完成评价工作……

这不是秦川率团队打的第一场硬仗。2003 年非典突袭时，秦川就曾冲锋陷阵。自非典后，秦川团队参与了包括甲型 H1N1 流感、中东呼吸综合征、H7N9 型禽流感等几乎所有呼吸传染病的战“疫”工作。

2020 年 2 月，在世界卫生组织召开的新冠肺炎学术研讨会上，秦川向来自全世界的专家介绍了我国新冠动物模型的进展。听完秦川的报告，各国专家先是沉默，随后称赞中国科学家“不可思议的成果”。非典时“无将才可用”的窘境早已改变，秦川以言传身教、口述笔传的方式培养了一支强大的专业队伍。“在实验设计、时间安排上筹谋筹划，整个团队生龙活虎、配合默契，整个过程干净利落。”正如有关部门领导评价，“假如没有秦川的动物模型，我国新冠疫情科研攻关将会面临难以想象的被动局面。秦川团队立下了汗马功劳。”

多年来，秦川始终坚持将国家重大需求作为研究方向，站在科技第一线先后承担多项国家级课题；创建比较医学理论技术体系，培养了大量比较医学人才，建立国际先进的传染病动物模型技术平台……回顾秦川的赫赫战功，很难想象这些工作完全是“平地起高楼”。秦川说，研究所初建时，中国实验科学的基础几乎为零。然而，秦川没有放弃，她接过老所长的指挥棒，以聪明才智运筹帷幄、稳扎稳打。“整个团队靠的是耐得住寂寞的意志力、克服困难的战斗力，还有捉襟见肘时能顶上、盯住的超强定力。”

如今，秦川带领的实验动物科学研究团队，已为千余个科研项目的实施提供了资源和技术支持，建立了拥有超过全球三分之一、国际最大的遗传多样性动物资源库；建立了世界第二大、亚洲第一大的基因工程大鼠资源库；建立了国内唯一的国家人类疾病动物模型资源库，彻底扭转了中国动物模型依赖进口的被动局面。实验动物学科已成为我国自主研发药物从实验室走向临床应用，获得国际认可并参与医药领域国际竞争的高速路。

（文／凉弘　王梁安子）

俞丽拿：琴声不辍，师道为重

致敬词

一甲子春华秋实，六十载琴声不辍。她用小提琴演绎最美国风，一曲《梁祝》动天下；她默默耕耘音乐教育，桃李不言自成蹊。

俞丽拿：生于 1940 年。小提琴演奏家，上海音乐学院教授、学科带头人。第八至十届全国政协委员。享受国务院政府特殊津贴。获评全国三八红旗手标兵、全国劳动模范、全国模范教师、全国高校名师等。

俞丽拿是上海音乐学院教授、学科带头人，作为我国著名小提琴演奏家、教育家，长期从事小提琴教学、室内乐教学和小提琴表演工作，为中国音乐教育事业的发展作出了卓越贡献。

1959 年 5 月 27 日，兰心大戏院，作为上海音乐学院向新中国成立 10 周年的献礼，还是学生的俞丽拿首演了小提琴协奏曲《梁祝》。这一场演出，使她同“梁祝”一起家喻户晓，从此享誉国内国际乐坛。

“梁祝”是俞丽拿生命不可分割的一部分，因为“梁祝”使东方风韵、中国元素飞进世界音乐殿堂，成为中西音乐结合的典范，成为让西方乐器开口说中国话的“中乐西奏第一曲”。至今，俞丽拿演奏的《梁祝》在全球灌制的唱片发行量已超过 300 万张，她因此荣获首届中国金唱片奖。

《梁祝》，伴随俞丽拿的琴声传遍世界各地。她在全国各大城市演出、讲学不计其数，并多次赴美国、英国、澳大利亚、日本等国演出、讲学，为促进中外文化交流，弘扬中国民族文化，推动音乐事业发展，作出了杰出贡献。

从 1962 年起，她开始在上海音乐学院执教，直到 2022 年，82 岁高龄的俞丽拿仍然坚持每天准时到校给学生上课。从教 60 年，俞丽拿数不清自己带过多少学生，就像别人问她演奏过多少遍《梁祝》，她也算不清一样。

在60年的教学实践中，俞丽拿逐步建立起一套符合小提琴教学规律、具有中国特色的教学方法和教学体系。她呕心沥血，坚持探索，潜心实践，每天授课时间超过10小时，为祖国不断培养出具有国际水准的、拔尖的小提琴演奏和小提琴教学人才，一个又一个“中国制造”的小提琴家在世界舞台闪亮登场。

俞丽拿爱音乐、爱教育，更爱她的学生。多年来，她带病坚持上课让许多家长为之动容。熟悉俞丽拿的人都知道，在她眼里上课永远排在第一位。“我首先是一名教师，演出、开会、接受采访等，都要为上课让步。”她不仅具有精湛的学术造诣，还具有极强的爱心和责任心，她手把手教学生琴艺，更教学生如何做人。

俞丽拿一直坚守一个信念：做教师就是要奉献。她始终坚持“志为将来、无私奉献”的师道精神。当她在琴房中一个音符、一个音符地传授时；当她在每个学生的教学笔记上密密麻麻书写时；当她自费和学生手牵手，远赴异国他乡，在参赛的路上执着前行时；当她在病榻上还念着教学进度，将学生招至床头授课时……师道的力量，“不求而至，不为而成”，富有穿透力、富有感召力。

生命不息，教学不止。俞丽拿说，只要身体允许，她会一直站在教台上。

（来源／上海市妇联　编辑／中国妇女杂志社　申敏夏）

杨苗苗：
10 米车厢传真情

致敬词

线路有终点，服务无止境。她在平凡的岗位上散播温暖，在重复的旅程中传递爱心，让 10 米车厢成为城市文明的闪光“名片”。

杨苗苗：生于1976年。安徽省蚌埠市公共交通集团有限公司107路“苗苗线路”1060号车驾驶员。党的十八大、十九大代表，第十四届全国人大代表。获评全国三八红旗手标兵、全国五一劳动奖章、全国劳动模范等。

走上公交驾驶员岗位 29 个春秋，杨苗苗以甜美的微笑、周到的服务，在平凡的岗位上创造了不平凡的业绩，展现了共产党员的精神风貌，被誉为蚌埠公交“微笑天使”。

杨苗苗的一天，从凌晨 3 点开始。整座城市还在梦中沉睡，她已经披星戴月来到车厂调度室签到。先对车辆进行安全检查，再车里车外仔仔细细打扫一遍。做好所有准备工作，首班车 5 点钟准时出发，一个早上要这样来回跑上 5 趟。

车辆进站时，杨苗苗会尽量将车停得离老弱病残孕和抱小孩的乘客近一些；乘客上车时，她微笑着与每一位乘客打招呼；遇到人生地不熟的外地乘客，她有问必答、热情周到；遇到个别不文明乘客，她坚持以理服人、以情动人。在将近 30 年的职业生涯里，杨苗苗一直保持行驶零事故、服务零投诉的纪录。

杨苗苗选择公交驾驶员职业，受到来自家庭的极大影响。父亲是一名老公交驾驶员，让她从小对 10 米车厢充满热爱和向往；母亲是一名售货员，教她“笑迎天下客”，把乘客当亲人，设身处地为他们着想。在父母的言传身教下，杨苗苗在业务上精益求精，在服务上真情付出。为熟悉路况，她利用休息时间翻地图、查资料；为了让乘客有良好的乘车体验，她钻研驾驶技术，让车辆行驶更平稳；为了当好乘客的向导和城市文明的宣传员，她主动学习英语、手语、方言；她在车上配备了便民伞、针线包、常用药等，为乘客提供方便。

在工作之余，杨苗苗勤学不辍，取得了经济管理学本科学历，自学了法律、乘务心理学、维修等知识。同时，她摸索出了40字“安全操作技巧”、36字“节能三字经”及“五心六看服务法”等，总结出“苗苗工作法”，并毫无保留传授给同事们。

一花独放不是春，百花齐放春满园。2009年8月，蚌埠市公共交通集团有限公司对杨苗苗总结的“苗苗工作法”进行大力推广，在全公司各条线路推行了“苗苗服务规范”，创建“苗苗班（车）组”活动。她亲自领衔组建的“苗苗线路”创下安全行车无责任事故、服务乘客无责任投诉的佳绩，车厢服务合格率、车辆整洁合格率、行车准点率始终保持100%，成为城市窗口服务行业标杆，为蚌埠市入选全国文明城市作出突出贡献，也在全国公交行业产生了强大引领效应。“苗苗线路”先后被授予全国工人先锋号、全国五一巾帼标兵岗、全国三八红旗集体等多项荣誉。

杨苗苗常常告诫自己：公交是城市的“名片”，驾驶员是企业的“名片”。作为党员示范车驾驶员，一言一行不仅代表公交形象、城市形象，也代表党的形象。她把乘客的需求当成自己的追求，每一个微笑、每一声问候、每一件为乘客做的小事……点点闪光汇集起来，让平凡的生活流光溢彩、熠熠生辉，让10米车厢温暖如春。

（文／李晓珊　编辑／中国妇女杂志社　王梓蓉）

黄志丽：心系群众的“知心法官”

双脚沾满泥土，心中系着百姓，“知心法官”黄志丽二十载扎根基层审判一线，将爱融入法律的天平，在“烟火”案件中寻找法治的“诗意”。

致敬词

黄志丽：生于 1972 年。福建省漳州市芗城区人民法院党组成员、副院长、三级高级法官。党的十九大代表。获评全国三八红旗手标兵、“最美奋斗者”、“时代楷模”、全国优秀共产党员、全国劳动模范、全国优秀法官、最美基层法官、全国先进工作者等。

黄志丽是福建省漳州市芗城区人民法院党组成员、副院长，三级高级法官。20 年来，她扎根基层审判一线，先后审结民商事案件 6000 余起，无一申诉信访，无一投诉举报。黄志丽为追求法律的温度和逻辑的精妙，在一个个充满烟火气的案子里释法明理、情润民心。

1972 年，黄志丽出生于福建省漳州市南靖县一个普通家庭，从小性格坚韧。“我在少女时代就有一个侠女梦，一心想匡扶正义、扶危济困。”她痴迷金庸、古龙的武侠江湖，也喜欢海瑞、狄仁杰的传记传奇。1995 年，大学文秘专业毕业的她以总成绩第一名考入漳州市芗城区人民法院。从书记员到审判员，逐渐成长为一名优秀的基层法官。“很幸运成为一名人民法官，我的侠女梦在法官生涯里得到了实现。”

“做一个脚下永远沾着泥土的法官，让群众在每一个司法案件中感受到公平正义”，是黄志丽一直以来的职业追求。她认为，法官既要解开当事人的“法结”，更要解开当事人的“心结”。在司法实践中，她逐渐摸索出“三个贯穿始终”工作法——调查研究贯穿始终，减少错案发生概率；亲和调解贯穿始终，弥补刚性司法不足；释法析理贯穿始终，实现法律规范与道德人情的互释交融。

平均年结案近 500 件，40% 案件 3 天内审结，70% 案件当庭裁判，93% 案件调解撤诉，75% 以上案件自动履行……2010 年，黄志丽因业绩突出，被评为全国办案标兵，随后又获全国三八红旗手标兵、全国优秀法官、最美基层法官等诸多荣誉。

2012 年 6 月，黄志丽把“司法为民”的台子搭进社区，在漳州市芗城区南坑街道办事处设立了“黄志丽法官工作室”，这是福建省首个以优秀法官名字命名的社区法官工作室。她带领年轻的法官团队，深入社区、乡村开展巡回办案、现场调解、法律咨询等工作，用群众的语言聊法律，以法官的亲和消除当事人的隔阂，把矛盾化解在萌芽状态。她坚信：“迈出去的是脚步、带回来的是民心，俯下去的是身板、树起来的是信任。”目前，漳州市芗城区已经有 5 个“黄志丽法官工作室”，年均调解群众纠纷近千件。

2017 年，黄志丽当选为党的十九大代表。把群众当亲人，倾听民情民意，传达党的声音，她作为党代表的脚步在一线更加扎实，是百姓口里的“法官闺女”。

2019 年，黄志丽被评为“最美奋斗者”。10 月 1 日，黄志丽代表法院系统参加了新中国成立 70 周年庆祝大会。同年，黄志丽主动请缨，加入芗城区人民法院组建的“大速裁”团队。在她的带领下，团队充分发挥集中力量办大事的制度优势，承接了院内 70% 以上民商事案件，快速精准审结，让当事人的权益得到最大保护，体现了“便民与科学，速度与温度，效率与公平”的司法理念。

在践行司法为民、建设法治中国的道路上，黄志丽昂然前行。她说：“新时代的中国，全民法治观念更加深入，契约精神更加普及，法治国家、法治政府、法治社会这棵有本之木、这朵有根之花一定会更加根深叶茂。”

（文／史飞飞　编辑／中国妇女杂志社　申敏夏）

新时代
巾帼楷模

于　静：追求完美的“钢铁裁缝”

致敬词

怀揣匠心，摸爬滚打、精益求精，坚守艰苦的焊接岗位 30 载，她是劳动精神、劳模精神、工匠精神的弘扬者和践行者；以焊枪为针线，以钢铁做布料，她是刻苦钻研、不懈追求完美的“钢铁裁缝”。

于静：生于1971年。退休前为中国中车股份有限公司大连机车车辆有限公司钢结构分公司高级技师。党的十九大代表。获评全国三八红旗手标兵、全国五一巾帼标兵、中央企业劳动模范等。

技校毕业分到工厂时，于静刚满 20 岁，“我父亲当时就是八级工，从小我就崇拜他！”怀揣着有朝一日能像父亲一样成为“八级大工匠”的梦想，于静拿起了焊枪。

于静觉得“焊花漂亮得像焰火”，她太爱美了，少女时代的她原本是想当裁缝的，梦想缝制出世界上最漂亮的衣服。很快她就发现，以焊枪为针线，以钢铁做布料，也是一种美丽的“缝制”，只是难度更高。

电焊，总是被要求“针脚”美观，毫厘不差，但工作区常常是狭小的，作业面的位置是刁钻的，“干好这个活儿，腕功、蹲功、眼功一项都不能少”。在于静看来，要求越高、难度越大，越能练出本事，也越了解自己能做到什么程度。有人做过统计，于静平均每年完成的焊缝上千条，无一不达标、无一不精美。

那年，女儿备战中考时，于静同时为自己制定了一个小目标——成为“高级工人技师”。娘儿俩约定来一场“比赛”，女儿要考入重点高中，她要拿到高级技师资格。互相激励的母女俩，最终都实现了目标。在那个年代，谁家如果有一位“八级大工匠”，是人人羡慕的事情，于静跟随父亲的步伐，成为自己年少时最羡慕的人——当时公司里唯一一名女高级工人技师。

在别人眼里，电焊工总是一身脏兮兮的工作服形象，而于静却说，那些干净、漂亮的焊缝，那些经过她亲手打造的高精尖产品，都是美不胜收的作品。

于静由此创造了大连市女职工首登焊接最高领奖台的纪录。谈起参加大连市举办的第八届职工职业技能大赛的经历，她至今都很兴奋。“我平时工作性质比较单一，而这次比赛的项目范围很广，正是突破自己的好机会。”大连市 40 多家企业的 200 余名选手参加了大赛，最终获得参赛资格的只有 80 余人，而女选手仅于静一名。理论知识测试顺利过关，第二天是实作考试，从早晨开始就下起大雨，仿佛是要把本就激烈的角逐渲染到令人窒息的程度。拿到实作考试题目后，于静悄悄定了一个比考试时间短 10 分钟的震动提醒，以掌握进度。考试结束，天空开始放晴，考场的凝重气氛也随之消散。两个月后，成绩出来，于静夺冠！面对喜讯，于静有点儿意外。“高手之外还有高手，男人的战场又怎样？放平心态，有条不紊地把活儿干好就对了。”

从 1991 年入厂直到退休，于静在焊接岗位上整整工作了 30 年，她怀揣一颗匠心，坚守在艰苦的焊接岗位上，刻苦钻研，追求完美，用一双巧手让每一条焊缝都成为精雕细琢的艺术品，精彩人生也在她手中盛放。

（编辑／中国妇女杂志社　杨华）

2019

全国三八红旗手标兵

阎锡蕴	中国科学院院士，中国科学院大学教授，中国科学院生物物理研究所研究员
韩利萍	中国航天科技集团有限公司第一研究院山西航天清华装备有限责任公司数控铣工
谢爱娥	湖北省洪湖市滨湖办事处滨斗湖村村委会委员、妇联主席
格桑德吉	西藏自治区林芝市墨脱县完全小学副校长
贾秀芳	黑龙江省哈尔滨市博能汽车销售有限公司董事长，黑龙江省博能脑瘫康复中心创办人
潘玉莲	新疆维吾尔自治区喀什地区疏勒县疏勒镇新市区社区居民，“潘奶奶小课堂”老师
王克荣	首都医科大学附属北京地坛医院红丝带之家办公室主任、护士长
沈腾香	退休前为福建省龙岩市长汀县策武镇南坑村党支部书记
徐　平	河南省进口物资公共保税中心集团有限公司总裁

阎锡蕴：科学有着无穷乐趣

致敬词

虽然没有成为医生，但她的科研成果造福的患者何止万千。强烈的好奇心和挑战新事物的勇气引领着她一路披荆斩棘、勇攀高峰，书写了新时代女性的人生传奇。

阎锡蕴：生于1957年。中国科学院院士，中国科学院大学教授，中国科学院生物物理研究所研究员。亚洲生物物理联合会首位女主席。第十四届全国政协委员。享受国务院政府特殊津贴。获评全国三八红旗手标兵、全国优秀科技工作者、全国创新争先奖、Atlas国际奖等。

40 年来，阎锡蕴致力于肿瘤学研究，在肿瘤新靶点发现和临床转化方面取得了系统创新性成果。她首次在国际上提出“纳米酶”新概念，被认为是酶学史上的里程碑，打开了新领域的大门。

对阎锡蕴来说，走上科研之路，偶然中更有必然。因为敢于面对挑战、善于接受新事物，一直都是她性格的一部分。和那个时代的许多年轻人一样，阎锡蕴高中毕业后进了工厂，成为一名翻砂工。1977 年，她已是三级工，有稳定的收入和生活，这时恢复高考的消息传来，她兴奋了，“我要去上学”！

阎锡蕴如愿考入河南医科大学（现郑州大学），她如饥似渴吸收知识，刻苦努力学习，立志成为一名救死扶伤的医生。大学毕业后，她被分配到医院工作。由于院方要求新来的医生有一年的科研经历，机缘巧合，她来到中国科学院见习，选择了令她非常好奇的生物物理研究所，进入细胞生物实验室。从此，她与生命科学结缘。

1983 年，阎锡蕴入职中国科学院生物物理研究所，先后担任实习研究员、助理研究员；1989 年，前往德国海德堡大学理论医学院攻读医学博士学位；1994 年，前往美国斯隆－凯特琳癌症研究中心，从事博士后研究工作。

1997 年，阎锡蕴学成归国，带回了最先进的科技信息和科研理念。她和团队在研究中发现了肿瘤血管新靶点 CD146，这项发现有着广阔的临床应用前景，已经逐步进入临床试验阶段，在未来会拯救更多癌症患者的生命。

2007 年，阎锡蕴开展学科交叉研究，在研究 CD146 抗体－磁纳米粒子免疫探针的实验中，发现实验结果和预期结果大相径庭。她没有把这一结果归因于操作失误而轻易放过，而是抱着科学家的好奇和严谨一路探究，最终发现了纳米酶。这一发现将纳米效应的认知扩展到了生物学领域，打破了有机化学和无机化学之间曾经泾渭分明的界限。

纳米酶的出现不仅为模拟酶家族增添了新成员，给生命起源研究带来了新思考，而且它作为一类新材料在农业、环境、化工和新能源中的应用更是潜力巨大。近年来，阎锡蕴团队将纳米酶引入医学，开展纳米酶催化医学研究，将其用于疾病的诊断和治疗研究；建立了纳米酶活性检测的标准体系，使纳米酶应用研究标准化、可质控、可量化。“向成果转化下游进发，尽管这条路更加艰难、充满挑战，但只有如此，才能充分挖掘纳米酶的应用潜力，服务社会。”阎锡蕴说。

2014 年，非洲暴发埃博拉病毒疫情期间，阎锡蕴带领团队用纳米酶提高试纸条的敏感度，研究出既快速又简便的检测方法，有效提高了病毒检测效率。阎锡蕴及其团队因此获颁 Atlas 国际奖。

阎锡蕴曾说，成功就是两个要素：热爱和坚持。只有热爱才能坚持。她的人生仿佛总在选择往最难的地方走，她的勇气正源自心中的三份热爱——爱科学、爱生活、爱美丽，而每一份热爱都回馈给了她丰硕的人生果实。

（文／李晓珊　编辑／中国妇女杂志社　王梓蓉）

韩利萍：
以“毫厘精神”托举大国重器

致敬词

从无处下手到行家里手，从普通铣工、数控“菜鸟”到中国运载火箭技术研究院首席技能专家，她以“毫厘精神”托起最美航天梦，以一丝不苟成就匠心传奇。

韩利萍：生于 1971 年。中国航天科技集团有限公司第一研究院山西航天清华装备有限责任公司数控铣工。党的十九大、二十大代表。获评全国三八红旗手标兵、全国劳动模范、第十五届航空航天月桂奖（大国工匠奖）等。

韩利萍清晰地记得，初入行时，师傅首先教她的，并不是什么高超的技术，而是怎样做一名负责任的航天人。“他常常挂在嘴边的口头禅是，做产品就是做人，产品就是人品。”这句话深深地烙在她的心头。

2000 年，随着企业从传统制造向数字制造转型，韩利萍成为第一批数控操作工。“那是我第一次见到数控机床，什么也不懂，处处是‘拦路虎’，就连看图纸这一项都比以前不知复杂了多少倍。”

有一次，加工某零件，因为看不懂其中的一部分结构，她迟迟不敢开刀。晚上回家做饭时，她还在反复琢磨，于是手里的菜刀不自觉地跟着思绪游走起来，顺手就把土豆切成了各种块状。她想：“为什么不能用这些土豆和萝卜，切出零件的模型，帮助自己更立体地‘消化’平面图纸？”从那天起，她家的餐桌上，每天都有这样一道奇形怪状的“菜”。

彼时，应用数控机床在国内尚在起步阶段，在山西长治想找一本专业教材都很困难，恰好同事托人从北京买来了大限系统编程书，韩利萍如获至宝。“白天大家都要用，我就花了 3 个晚上，硬是将这本 250 多页的书一字不落地抄了下来。”从此，这个手抄本就成了她的“导师”，直至被她翻烂，书里的每个细节她都烂熟于心。就这样，她从一无所知的数控“菜鸟”，逐渐成长为一名精通操作、编程和工艺的复合型高技能人才。

“航天无小事，成败在毫厘。”韩利萍说，以新一代运载火箭长征七号发射平台为例，在其关键控制件不足200毫米的工件上，分布着大大小小各种规格的70余个阀孔，稍有误差，就有可能导致火箭发射后无法精确入轨。因工艺难度大，以往此类零件的成功率仅有20%。在韩利萍强大的技术攻关下，经过上百次验证，最终实现了精准掌控全工艺，产品一次交验合格率100%。

多年来，韩利萍先后参与填补国内空白的几十种国防重点型号产品和新一代长征五号、长征七号火箭发射平台数控铣削规范制定及操作。以“韩利萍”命名的“韩利萍国家级技能大师工作室”实现创新攻关300余项，成功申报并获得11项国家专利，保障了载人航天、嫦娥探月、北斗导航等国家重点工程任务取得圆满成功。

上了中央电视台《大国工匠》后，韩利萍的朋友圈曾一度被刷爆。“这些年，技能工人的地位肉眼可见地提高了，像我，不仅享受国务院首批高技能人才特殊津贴，荣获了很多荣誉，还担任了许多社会职务，既能为国家发展建言献策，又能为技工姐妹们发声。”

韩利萍说，女性技能工匠专注、细心、有韧性，在操作岗位上具有很强的优势，尤其是在精密加工领域更加明显。伴随传统制造向数字制造和智能制造的转变，数控技术和智能制造大量进入车间，女性技能工匠在岗位上的体力劣势正在减少，必将成为制造强国向智造强国转变进程中一支不可或缺的重要力量！

（文／中国妇女杂志社　张姿）

谢爱娥：洪湖上爱的方舟

致敬词

洪湖水，浪打浪。她和丈夫撑船行医 20 多载，走过的水路 8 万公里，接诊病人 3 万多人次，风雨无阻为渔民治病送药，搭建起救死扶伤爱的方舟。

谢爱娥：生于1970年。湖北省洪湖市滨湖办事处滨斗湖村村委会委员、妇联主席。获评全国三八红旗手标兵、全国优秀共产党员、全国劳动模范等。

洪湖水，无风也起三尺浪，即便是划船技术高超的渔民也得划上几小时才能到达洪湖中心船头嘴村。村子中央，有一艘绿色的船屋，在外人眼里，这是一只年久失修的老船，而在船头嘴乡亲的眼里，它是救命的医院，在谢爱娥和丈夫眼里，这是他们的家。

掀开船上医务室下边的一块“船板”，就是谢爱娥夫妇住的地方：一个高不过 1.5 米、面积不足 10 平方米的船舱。21 年了，他们新婚后就来到这里，转眼儿女已成人。

1992 年，22 岁的谢爱娥结婚了，她是“坡”上的人，从没在湖上生活过。那时候，船头嘴村没有医务室，也没有医生，600 多名渔民谁要是生了病，哪怕只是小小的感冒，也得驾船走 20 多公里水路，花几小时才能到岸上看病。

新婚没多久，有一天，在湖上当了一辈子木匠的公公带回一个消息，船头嘴村要招募一对夫妻医生。但他们提供的收入比岸上少，船上又不能发电，连照明都要靠点煤油灯和蜡烛，所以一直没人愿意去。

谢爱娥动心了，新婚的甜蜜，让她不愿和爱人分隔两地去上班，因为两人都从医，会很忙，以后一定聚少离多。这是自己的小心思，而让她彻底下定决心的是，她听说船头嘴村一名孕妇难产，因为没有医务室，只好驾船去医院，几小时，船还没到岸，母亲和胎儿都不行了。

本来被家人阻拦正在犹豫的谢爱娥心软了，马上拉着丈夫报了名。

年轻、夫妻都学医，太符合条件了，他们毫无意外地被选中了。

船头嘴村，这个位于洪湖中央的渔村，渔民来自各地，语言不通，两个人感觉被丢到了和岸上完全不同的世界。不会划船，慢慢蹭；不会游泳，赶快学；语言不通，就比画着来。虽然苦，两个人的日子还要过啊。他寡言，她就多说话；他看病检查，她就打针输液。撑小船出诊，一个浪拍过来，全身马上湿透，她就紧紧地把住船沿儿，一刻也不敢松手。白天出诊或者接待病人还好，到了夜晚格外难熬，只有一台收音机陪着。好在，两个人在一起，一切都可以过去。“不管湖上风浪多大，船里有他在，我心里是不怕的。”

深夜的洪湖湖面，幽暗漆黑一片，忽然，亮起一处，又一处，夫妻俩出诊的小船静静划过，他们走过，灯又依次沿着他们的航迹熄灭，这是船头嘴村温暖的一景。只要遇到谢爱娥夫妻夜晚出急诊，渔民们都会点亮船头最大瓦数的灯为他们护航，向他们问候。这份情意是夫妻俩 20 多年无私付出的回报。他们并不孤单，也是被乡亲们想着、念着的，只要是提到他们，再不善言辞的渔民也能说出一堆感谢的话。

有人算过，20 多年，谢爱娥划着船出诊的路都能绕地球两圈了。如果当年当船医是因为爱情，不舍分离，那么 20 多年的坚守则是因为夫妻同舟共济的亲情和对乡亲们卸不下的责任。600 多口子人，靠着他们一年 500 多次出诊保健康，他们早已经是一个大家庭了。哪儿也不去了，这儿就是家，漂泊水上，但坚固无比。

2016 年年底，洪湖全面实施渔民上岸工程，谢爱娥从船医成为社区医生，卫生室也成为上岸渔民们的“解忧室”，继续为渔村百姓撑起一片健康天空。

（文 / 中国妇女杂志社　王晓艳）

格桑德吉：筑梦在喜马拉雅山下

致敬词

蹚河水、走峭壁、溜铁索、越悬崖，她是护送孩子的使者，18 年如一日，只为喜马拉雅山脚下的门巴族孩子能有学上、上好学。她用一颗心，温暖一群人的心；用一点光，照亮山间孩子们的心。

格桑德吉：生于 1978 年。西藏自治区林芝市墨脱县完全小学副校长。第十三届全国人大代表。获评全国三八红旗手标兵、全国民族团结进步模范个人、感动中国 2013 年度人物等。

门巴族姑娘格桑德吉有着艰难的求学经历，她刻苦学习，考取了河北师范大学附属民族学院，成为家乡第一位大学生。

读书，到大山外面去——这是格桑德吉妈妈对她的期望，然而身处繁华世界的格桑德吉却经常梦回故乡。“梦见雅鲁藏布江，梦见江边的雪山，还梦见妈妈和她的小黑板。茅草屋里没有电，点的是酥油灯，灯光晃来晃去。孩子们围在一起，听我讲课……”没有什么比回家的念头更强烈！2001 年，大学毕业的她义无反顾地选择回到家乡墨脱执教。这一干就是 20 多年，她成为当地执教时间最长的大学生，也是她那届西藏大学生中唯一留在山里的乡村教师。

墨脱，藏语意为“花朵”。这朵开在雅鲁藏布大峡谷腹地的“花朵”，掩映在喜马拉雅山的密林之间。人们常说，进西藏难，进墨脱更难。2013 年以前，格桑德吉在墨脱最偏远的乡镇帮辛乡任教。从那里到最近的公路，要跋山涉水走一天，且全年只有 6 月到 9 月可以通行，其他时间则被积雪覆盖。每年暑假，格桑德吉和同事都要做两件重要的事。第一件重要的事是先徒步一天走到公路边，再设法搭到去邻近墨脱的波密县的货车，为学校采购一年的师生生活学习用品。粮食、食油、罐头、鸡蛋、蜡烛、铅笔、本子……一样不能少，因为一年只有一次采购机会。

另一件重要的事是送放假的孩子们回家。学校百十个孩子，分散在雅鲁藏布大峡谷两岸大山的褶皱里，大的不到 14 岁，小的年仅 7 岁。山道乱石横卧，崎岖险峻，常常左边峭壁，右边悬崖，还要时时躲避不期而遇的塌方和泥石流。迎面与马队狭路相逢也是令她担心的事。每次中途休息，格桑德吉都要清点人数，以防意外。送岗玉村的孩子回家则要滑一根 200 米长的溜索，下面是波涛汹涌的雅鲁藏布江，溜索距离江面足有 30 米高，一旦掉下去，人瞬间就没了影。她用这种方式陪伴了孩子们 12 年，直到 2013 年墨脱全县公路贯通。12 年间，她这样护送学生 66 次。

当地条件艰苦，辍学率很高，格桑德吉经常去家访，劝家长同意孩子们回到课堂。日复一日地劝学，让乡亲们逐渐理解了教育的重要，尤其是 2013 年帮辛乡通了公路，国家不断加大藏区教育投入，免食宿费、免学费，如今格桑德吉再也不用“劝学”了，家长们争着把孩子往学校送。

为了山里的孩子，格桑德吉两次流产，后来出生的女儿住在拉萨，母女难得相会。儿子体弱多病，她就把生病的儿子背在背上坚持上课……她的付出大家都看在眼里，被乡亲们称赞为门巴族的“护梦人”。

如今的山区学校建起了三层教学楼，学生们有了自己的科学实验室，每个教室都配有多媒体器材，老师们讲课也用起了 PPT 课件，门巴族孩子入学率达到 100%，小学升初中也从以往的 30% 达到 100%。

教育改变了格桑德吉的人生，她则努力用教育改变像她一样来自山里的孩子们的人生。她说：“能在孩子们成长的道路上陪他们跑一段，我觉得很幸福。”

（文／张素军　编辑／中国妇女杂志社　苏容）

贾秀芳：永远让爱有一块落脚之地

致敬词

因为爱，她不计得失，创办脑瘫患儿康复中心。因为爱，新冠疫情期间，她挺身站在最前沿。因为爱，她创办职业学院，让更多贫困孩子实现就业。她就像一团燃烧的火焰，照亮前路，温暖人心。

贾秀芳：生于1974年。黑龙江省哈尔滨市博能汽车销售有限公司董事长，黑龙江省博能脑瘫康复中心创办人。获评全国三八红旗手标兵、全国助残先进个人、全国岗位学雷锋标兵、全国劳动模范等。其家庭被评为全国文明家庭。

贾秀芳，一个山东乡下女孩，当年怀揣 50 元钱从山东只身来到黑龙江哈尔滨。从 1999 年创建仅有 4 名员工的第一家汽车代理店到拥有 3000 名员工的博能集团，24 年间企业不断发展壮大，她的爱心也愈加博大宽广。她每年拿出企业利润的 10% 捐赠给需要帮扶的人，2018 年以来帮扶资金增长至 30%。她创办了黑龙江省贾秀芳慈善基金会，有针对性地资助贫困母亲、孤寡老人、孤困儿童、贫困大学生、创业大学生等。据不完全统计，至今已捐款 1 亿多元，帮贫济困 4 万多人。她积极开展“爱心温暖　博能圆梦”系列行动，几百辆车组成的爱心车队载着价值 500 余万元的大米、豆油、猪肉、棉被等物资和助学金，陆续送到全省 4000 多个贫困家庭。

2017 年 1 月，贾秀芳力排众议，在哈尔滨建成第一家脑瘫患儿康复中心——黑龙江省博能脑瘫康复中心，免费收治脑瘫患儿 100 多名，同时免费为陪护的家长提供食宿。当年年底，她又成立了第二家脑瘫患儿康复中心，累计投资近 2000 万元。200 多位接受治疗的脑瘫患儿，有 100 多位摆脱轮椅独立行走，有 50 个孩子彻底告别脑瘫康复中心，走进梦寐以求的校园。2019 年 1 月，第三家脑瘫患儿康复中心在天津市津南区落成，168 名患儿来到这里接受系统治疗。孩子们“贾妈妈”的呼唤声，回响在白山黑水和渤海之滨。

2022年年初，天津市津南区新冠疫情严重。当得知市里抽调千名干部支援津南区抗疫的情况后，贾秀芳主动请缨，带领职工在不到24小时的时间里，把一栋新建尚未投入使用的学生宿舍变成抗疫干部驻地。他们采取“三班倒”的方式，做好物资配备、消杀消毒、卫生清洁等各项工作，连续奋战十几天，圆满完成了为1000名抗疫干部提供生活保障的任务。

贾秀芳还有一个梦想，就是让更多贫困家庭的孩子能读上大学。2017年，她投资3亿元创办天津滨海汽车工程职业学院。6年来，她提出并实施“爱的教育”和“暖心工程”：每年为100多名贫困家庭的学子提供免费就读机会，出资200余万元用于奖励品学兼优的贫困学生、扶持就业创业的青年学子；为全校学生赠送保暖内衣、羽绒服，设立“免费餐”“一元餐”“家的港湾”等。因此，“贾妈妈”成为校园出现频率很高的流行语。她坚持校企合作开放办学，形成了一手抓思想政治教育，一手抓技术技能培养的办学路子，建成了天津市思想政治课主题教室，办学特色越发鲜明，办学质量显著提升。

24年来，贾秀芳获得的国家级、省级荣誉有十几项，每一项都是沉甸甸的。而贯穿这些荣誉的红线，就是她博大的爱心和坚守。“让爱有一块地方落脚，让情能够长存。”这是贾秀芳最朴实的心愿！

（文／赵凯丽　编辑／中国妇女杂志社　柳亚敏）

潘玉莲：用“小课堂”点亮孩子们的成长之路

致敬词

30 年含辛茹苦，30 年桃李满园。她创办的“爱心课堂”风雨无阻，在幼小的心灵播撒知识与爱的种子。她是孩子们心中最温暖的潘奶奶，用一支粉笔书写春秋，像一束光照亮孩子成长的路。

潘玉莲：生于 1942 年。新疆维吾尔自治区喀什地区疏勒县疏勒镇新市区社区居民，“潘奶奶小课堂”老师。获评全国三八红旗手标兵等。

潘玉莲自 1992 年创办“爱心课堂”至今，累计义务托管、辅导孩子 2000 多名，孩子们都亲切地叫她“潘奶奶”。

潘玉莲的父亲是汉族，母亲是维吾尔族。她从小在新疆生活，长大后去西藏做过生意，还曾当过俄语翻译，精通多种语言。1992 年，年过半百的潘玉莲回到家乡新疆疏勒县，发现邻居家的孩子放学后在外玩耍打闹无人照看。渐渐地，她萌生了开办“爱心课堂”的念头，这样既可以教孩子们识字学习，也避免他们在外面玩耍时发生意外。

于是，潘玉莲腾出家里最大的房间，一张小茶几、一块小黑板、两三个孩子……“爱心课堂”开课了。尽管刚开始来听课的孩子不多，但她毫不懈怠，依然认真备课、讲课，给孩子们辅导语文、数学、英语。为了辅导孩子们，只读到高中一年级的潘玉莲努力自学，提升自己。慢慢地，来听课的孩子越来越多，“爱心课堂”也越办越红火。最多时，小课堂里有上百名学生，后来社区特地腾出一间教室供孩子们上课。街坊邻里听说潘玉莲经常把离家远的孩子留下来吃饭，便纷纷自发地给小课堂送各种吃食，馕、馍馍、鸡蛋，有什么就送什么。

每天，潘玉莲都要赶在孩子们来之前，架炉子、烧热水，让孩子们喝上热乎乎的冰糖花果茶。站着讲课时间久了，双脚都肿了，她就坐下来坚持讲课。她自费购买了大量的教辅材料、小学课本，用来辅导孩子们学习。她用细心、耐心和爱心，使顽皮的孩子们静下心来听课。

为了鼓励孩子们学习，潘玉莲买了很多小奖品，奖励给学习进步的孩子。每月的低保金，除了维持生活，其余的都被她用来给孩子们买学习用品。上午有空的时候，潘玉莲还经常去捡瓶子、卖废品，换来的钱以及社区发的社区小组长生活补贴，全都用于“爱心课堂”。

潘玉莲每天不仅要辅导“爱心课堂”的孩子们，还要照顾偏瘫的儿子和正在上学的孙女。面对沉重的生活压力，她没有退缩放弃，依然坚守着“帮助他人、快乐自己”的初心。

1998 年，她收到一封来自乌鲁木齐一所学校聘她任教的邀请函。然而，她前脚刚走，手机就被打爆了：“潘奶奶你去哪里了？”“奶奶，今天我考了第一名……”潘玉莲毅然放弃这个可以改变她困顿生活的机会，返回疏勒。“我那时才发现，孩子们离不开我，我也离不开孩子们。”

30 年来，潘玉莲的“爱心课堂”一直都在义务为大家服务，从没收过一分钱。有时，有的家长悄悄留下一些钱，她也都用来给孩子们买了学习用品。她说，她只想为邻里做点儿事，只想看着孩子们成为对国家有用的人。如今潘玉莲已经是八旬老人了，她表示只要身体允许，还会把“爱心课堂”一直办下去。

从“爱心课堂”走出来的孩子已经有 2000 多名，他们有的进入高中，有的读了大学，还有的已经毕业工作，成为医生、教师……他们从潘玉莲奶奶身上学到的不仅是知识，还有那份善良、爱心与坚持。

（文 / 李晓珊　编辑 / 中国妇女杂志社　王梓蓉）

王克荣：与“艾”同行的白衣天使

她的手机从不关机，是时时在岗的“求助热线”。3000多个微信好友里，超过一半都是艾滋病患者。从事传染病护理工作39年，她以人性至善和专业素养，高举“南丁格尔”之灯，驱散千千万万艾滋病患者心中的阴霾。

致敬词

王克荣：生于1963年。首都医科大学附属北京地坛医院红丝带之家办公室主任、护士长。党的十八大、十九大代表。荣获弗洛伦斯·南丁格尔奖、贝利·马丁奖等。获评全国三八红旗手标兵、全国先进工作者等。

王克荣从事传染病护理工作 39 年，护理过非典、乙肝、出血热、艾滋病等 27 种传染病患共 5 万余人，因此被授予国际护理界的最高荣誉弗洛伦斯·南丁格尔奖和为艾滋病防治作出突出贡献者设立的贝利·马丁奖。

1984 年，王克荣从北京护士学校毕业，被分配到传染病专科医院——北京地坛医院。1997 年，她所在的病房开始接收艾滋病患者。一开始进入病房，她都要用口罩、防护服把自己“全副武装”起来。随着与患者的不断接触，她逐渐对艾滋病有了更深入的认识，体会到当时社会对艾滋病患者的排斥歧视和他们心里所承受的巨大压力，于是暗下决心，改变先从自己做起。

为了减轻患者的心理压力，王克荣和同事们一起组织郊游、聚餐、座谈会来为他们放松心情。此外，她还利用休息时间，给艾滋病患者及其家属提供咨询服务，宣传防治知识。在多年的工作中，王克荣总结出“生理支持监测、心理情感支持、社区关怀管理”艾滋病门诊护理模式，并多次深入基层，为艾滋病护理人员做培训。

“当病人在自己的帮助下，成功进行母婴阻断，迎来一个健康宝宝的时候；当病人在自己的叮嘱下认真服药，病情好转的时候；当帮助病人解决了一点儿问题，病人真诚感谢自己的时候——是我最快乐的时刻。”王克荣说。

一路关心和陪伴，让王克荣深受患者的信任和喜爱，成为他们的“知心大姐”。她的手机永不关机，为了患者24小时在线，患者有心事、有难题随时都可以拨打。为此，她20年来不敢换号码，生怕错过患者们的求助电话。

王克荣深知，帮助艾滋病患者，仅靠她一个人的力量是不够的，需要更多的人参与其中。在多方努力下，北京第一家以关怀支持艾滋病患者为主的社团组织——北京红丝带之家，于1999年成立，2005年正式注册。王克荣成了这里的专职护士长。她从早到晚忙忙碌碌，组织活动、招募志愿者、培训同伴教育员、为患者提供各种咨询。

2018年，北京红丝带之家启动了对四川凉山地区的红丝带之家孵化项目。“其实，将红丝带之家孵化到基层是非常困难的，再加上凉山地区特殊的地理环境、传统的风俗文化等，招募艾滋病志愿者是难上加难。”但王克荣克服困难，把红丝带之家的关怀传递给了凉山的每一位艾滋病患者。

从2001年至今，王克荣先后50多次到河南、云南、新疆、四川等地的艾滋病高发地区工作，并深入30家学校、社区、工地进行宣传，受益人员高达5万余人。

即将退休的王克荣，总觉得时间很紧迫，想多做些、再多做些。她说：“就像南丁格尔的人道主义与博爱精神一样，我要把这个精神在护理工作上传承下去，让更多的力量支持艾滋病防治工作。”

（文／李晓珊　编辑／中国妇女杂志社　王梓蓉）

沈腾香：敢教荒山变绿洲

致敬词

滴水穿石，人一我十，敢教荒山变绿洲；进则全胜，不进则退，誓闯富路美家园。她是生态脱贫的“领头雁”，治荒山、护青山、造富谷二十余年，敢教村庄换新颜。

沈腾香：生于 1962 年。退休前为福建省龙岩市长汀县策武镇南坑村党支部书记。党的十九大代表。获评全国三八红旗手标兵等。

1987 年，沈腾香嫁到南坑村时，这里还是长汀县水土流失最严重的区域之一，从村庄到县城，沿途的山上树木稀疏，没有一点儿生机。“山光、水浊、地瘦、人穷”，是当地生态恶化、生活贫困的真实写照，因此被称为“难坑”村。

沈腾香在村里当过民办教师，也在乡镇企业打过工。1997 年，35 岁的沈腾香回村当选为村支书。上任后，她组织全村党员和种养能手到漳州市西坑村学习取经。回来后，结合南坑村实际，提出了“山上种果树，庭院养鸡、猪，能源用沼气，耕地烟稻菜”，实施“猪—沼—果”生态种养模式的发展思路，并在村“两委”会上形成共识。

村民们不相信那砂石裸露的荒山能种果树致富，沈腾香就带头在苦竹坑山上种果树 10 多亩，在没人愿意去的山上建猪场，发展“猪—沼—果”生态农业。在她的争取下，还成立了“凌志扶贫协会”，推广“协会＋农户”机制，为村民提供购买果树苗木、肥料、种猪等生产材料的资金担保，提供统一的技术服务。当年，全村就有 36 户发展起了“猪—沼—果”生态农业。

种果树不容易，每棵果苗都要挖上 1 米见方的果穴。因为土壤贫瘠，还要放入 6 担的农家肥。尽管沈腾香多次上门动员，村民还是不理解，村干部们只好带头用事实说话。3 年后，初试结果的油柰卖到 3 元一斤。看到这样可观的收入后，村民们主动在山场种了 2000 亩油柰和银杏树。

沈腾香从县农业农村局、畜牧水产局聘请了 3 名技术人员，专门指导村民种养，还选送党员、村干部、种养户参加省农函大、省农广校免费学习，每户村民都学到了一两门种养实用技术。

向生态要效益初见成效，沈腾香又从山林权流转入手，积极引进社会力量，投资 300 多万元，建立了 2300 余亩银杏生态园，通过“公司＋党员＋农户”模式，带动全村 98% 的农户在山上种银杏、油柰等果树。如今，银杏年产值达 200 多万元，成为农民增收致富的重要产业。

在沈腾香的带领下，村民们还在银杏基地套种了百合、茱萸、互叶白千层等作物，提升了土地附加值，增加了村民收入，终于摘掉了“难坑”的帽子，让绿水青山变成了金山银山。

过去“盼温饱”，现在“盼环保”；过去“求生存”，现在“求生态”。昔日的“难坑”变成了“富谷”，荒山变成了花果山。如今的南坑村青山连绵、绿树葱茏，是远近闻名的“闽西银杏第一村”。从一个山光人穷的严重水土流失村，变身南方人工培育和种植银杏治理水土流失面积最大、最成功的全国文明村。

从起初不被看好的女支书到村民竖起大拇指称赞的好干部，沈腾香的初心不曾改变，青山常在、绿水长流、空气常新，让绿色南坑更加美丽、让人民生活更加幸福，是沈腾香矢志不移的奋斗目标。

（文 / 徐嫩羽　编辑 / 中国妇女杂志社　申敏夏）

徐　平：
网上“丝绸之路”的开拓者

致敬词

多年海外创业，她有胆识、有魄力、有智慧，关键时刻帮助中国企业摆脱贸易困境；满怀家国情怀回国发展，她勇于探索，不断创新，成为网上“丝绸之路”的开拓者，在全国首创“网购保税 1210 模式”，推动河南省跨境电商实现了全国领先。

徐平：生于1970年。河南省进口物资公共保税中心集团有限公司总裁。中国民主建国会第十一届、第十二届中央委员会委员。获评全国三八红旗手标兵等。

徐平曾经帮助大批中国企业脱离困境，在欧洲口岸疏通滞留货物。如今，她成为河南跨境电商“买全球、卖全球”目标背后的杰出女性，在郑州E贸易试点实现了“秒通关”“三个一”，带领团队在跨境电商领域继续奋勇前行。

1994年，徐平从河南大学外语系毕业后进入国家机关工作，不久她被派去匈牙利，负责国内地方政府在东欧的外贸事宜。一次偶然的机会，学英文专业的徐平被做商贸的朋友拉去帮忙与匈牙利当地海关沟通。在帮助朋友的货物顺利清关后，当地海关负责人又请她帮忙疏通大量积压在口岸的中国货物。她与商贸、物流的缘分自此开始。

受匈牙利政府海关机构的委托，徐平开始协调中国贸易的关务。她回忆道：“全新的领域，提单、报关、税收筹划，一切都是新的，除此之外，还要深入了解国际经济贸易的背景及贸易壁垒，信息量非常大。”1998—2002年，她分别在西班牙、法国、奥地利和德国成立了自己的物流公司，均取得了不菲的业绩。

2001年，中国加入世界贸易组织，机遇与问题同时到来。中国企业开始大量中转货物，而欧洲技术贸易壁垒提升，对中国货品开出限价底单，使得中国货物成批滞留港口。徐平十分焦急，找出欧洲法律，没日没夜地逐字研读，最终另辟蹊径，找到通关办法，短短100天“抢运”了2.6万个中国集装箱，也拯救了一大批中国企业。

在海外工作10年后，徐平带着丰富的国际商贸经验和建设祖国的雄心壮志回到国内，开始了一系列商业尝试。2008年，她收购了香港高鹏集团的全部股权，成为河南保税中心第二大控股股东。2011年，河南保税物流中心正式运营。2012年，有多年欧洲物流经验的她出任河南供应链管理协会会长。同时，她借助“国家电子商务示范城市试点”的东风，积极争取郑州纳入国家贸易跨境电商试点。2018年，首届世界海关跨境电商大会召开，她主持“一带一路：电商发展新机遇论坛”，首创的“1210模式”成为《WCO跨境电子商务标准框架》的“蓝本”。

徐平以企业家的责任感和使命感，带领团队拼搏奋斗，开启了对我国现代物流行业和跨境电子商务领域的探索、创新之路。她在全国首创“郑州模式”，解决了跨境电商发展面临的通关难、退税难、阳光结汇难的问题，被海关总署认可并赋予“1210”网购保税监管代码；创新推出“国际商事单一窗口”运营机制，可以根本性解决贸易便利化和“放管服”的难题；创新“秒通关”关务模式、“一区多功能”监管流程、“跨境新零售”商业服务模式等，推动河南省跨境电商从无到有、从有到优，取得了全国领先的好成绩。

在取得商业成果的同时，徐平积极回馈社会，推动企业与多所高校开展合作：免费为大学生提供实习、就业、创业岗位5000余人次；免费培训、提供郑州试点专业咨询服务5万人次；向革命老区提供捐款200万元等。

徐平说：“国家和社会的发展离不开女性的贡献。我将继续带领团队积极融入国家‘一带一路’倡议，为河南省网上‘丝绸之路’建设添砖加瓦。”

（文／李晓珊　编辑／中国妇女杂志社　王梓蓉）

2020

全国三八红旗手标兵

朱　婷	排球运动员，曾任中国国家女子排球队队长
卓嘎和央宗	西藏自治区山南市隆子县玉麦乡玉麦村村民
王仕花	江苏省连云港市灌云县开山岛民兵哨所名誉所长
冷菊贞	黑龙江省双鸭山市民政局党组成员、副局长，曾任驻双鸭山市饶河县小南河村第一书记、工作队队长
陈　维	上海浦东海事局党委委员、副局长
刘桂珍	山西省忻州市代县峪口乡段家湾村党支部书记、村委会主任
支月英	江西省宜春市奉新县澡下镇白洋教学点负责人
梁建英	国家高速列车技术创新中心主任，曾任中车青岛四方机车车辆股份有限公司副总经理、总工程师，教授级高级工程师
陈卉丽	大足石刻研究院（大足石刻博物馆）保护工程中心主任、研究馆员
张桂梅	云南省丽江华坪女子高级中学党支部书记、校长，华坪县儿童福利院（华坪儿童之家）院长

朱　婷：
新时代的“女排姑娘”

摄影 / 李杰岩

致敬词

从普通的农村娃，到奥运冠军、世界第一主攻手、“MVP 收割机”……她把为祖国赢得荣誉作为信仰，用拼搏、汗水和智慧劈开荆棘，让五星红旗在世界赛场高高飘扬，让女排精神接续传承。

朱婷：生于1994年。排球运动员，曾任中国国家女子排球队队长。第十三届全国人大代表，全国青联委员。获评全国三八红旗手标兵、中国青年五四奖章、全国先进工作者等。

朱婷读完初一，个子就长到了1.78米，于是，班主任建议她去练体育。她跟着父亲去了河南省周口市体校篮球队试训，教练嫌她太瘦，被拒收。她又去皮划艇队面试，因腿太长在船上施展不开，被劝退。好在，排球队的教练留下了她。

初学排球的日子很苦。朱婷太瘦了，练习倒地滚翻磕在木地板上，身体摔得生疼，满是青紫，每次给家里打电话，她都忍不住掉眼泪。母亲很心疼，想让闺女回家，父亲却说："再坚持一个星期看看。"就这样，一个星期又一个星期，朱婷的天赋和才华被摔打了出来。

2008年，朱婷被河南省体育运动学校选中，开始了专业排球训练。一年之后，她进入了河南青年女子排球队。两年后，开始代表河南出战全国女排联赛。接下来是国家少年队、国家青年队，几乎一年一个台阶，朱婷的进步如火箭一般蹿升。2012年，亚洲青年女排锦标赛，国青队夺冠，朱婷本人荣膺MVP（最有价值球员）。2013年，出征瑞士女排精英赛，朱婷5场得分均是全队第一，获得最佳得分奖。一个月后，朱婷和队友以全胜战绩站上了世青赛冠军领奖台，她一人荣获最佳得分、最佳扣球和MVP三项大奖，国际排联史无前例地盛赞一位中国球员为"未来的超级球星"。

2013年，郎平担任中国国家女子排球队主教练，在拟定集训名单时，她第一时间就想到了朱婷。朱婷说："没有郎导，就没有我的今天。”郎平一点一点帮助朱婷精进技术，把短板补齐，把长板加长。2015 年女排世界杯，朱婷成为中国女排的绝对王牌。中国女排以 10 胜 1 负的成绩，时隔 11 年再次夺得世界冠军。除了最佳主攻奖，朱婷还捧得自己的第一个世界三大赛 MVP，日本媒体称她是“铁榔头”郎平培养的“新榔头”。2016 年里约奥运会，中国女排出师不利，作为全队的重要得分手，朱婷压力极大。决战之前，她收到郎导一条饱含信任和关爱的微信：“大战当前，我相信你，你也要相信自己，站在场上你就是最棒的！加油！一切困难都是考验，相信你一定能够战胜困难！”朱婷痛哭一场后卸下所有心理包袱，在中巴之战中带领中国女排杀出一条血路，绝处逢生。里约奥运会，中国女排一共 8 场比赛，朱婷场场都是球队的得分王，以巨大优势当选奥运会 MVP 和最佳主攻。

里约奥运会后，朱婷加盟土耳其豪门瓦基弗银行俱乐部，3 年中作为绝对主力和核心，她用 8 个冠军、7 个 MVP 成为职业赛场的世界第一人，国际排联盛赞她为“真正的超级巨星”，为她定制了 Zhuper、Queen Zhu 等令中国球迷骄傲的称谓。2019 年女排世界杯，中国女排以 11 连胜的成绩再次登上世界之巅，朱婷又一次手捧 MVP 大奖。

2020 年 5 月，朱婷作为全国人大代表亮相“代表通道”。在被问到如何理解女排精神时，朱婷说：“女排精神是拼搏争胜，努力在赛场上升国旗、奏国歌，但它不是在胜利的时候才有，而是一直存在的。有的时候明知拿不到冠军，也会竭尽全力，不论胜负，信念一直都在。”

2022—2023 赛季，朱婷加盟意大利斯坎迪奇队，获得了“金狮奖”，以表彰她在意大利和中国之间发挥的桥梁作用。毫无疑问，朱婷是中国体育一张亮眼的“名片”。

（文 / 史卉　编辑 / 中国妇女杂志社　王梓蓉）

卓嘎和央宗：守护神圣国土的格桑花

致敬词

半个多世纪以来，她们坚守在雪域边陲，放牧巡边，守护着边境线上的每一寸国土，将国旗挂遍她们走过的每一条路，用忠贞赤诚诠释了“家是玉麦，国是中国”！

卓嘎：生于 1961 年。西藏自治区山南市隆子县玉麦乡玉麦村村民，西藏自治区妇联副主席（兼）。第十三届全国人大代表，第十四届全国政协委员。党的二十大代表。“七一勋章”获得者。
央宗：生于 1963 年。西藏自治区山南市隆子县玉麦乡玉麦村村民、村妇女主任。姐妹俩获评全国三八红旗手标兵、“时代楷模”、“最美奋斗者”、感动中国 2017 年度人物等。

卓嘎和央宗的家乡玉麦乡位于喜马拉雅日拉雪山脚下，这里地处中印边境，气候恶劣，交通不便，不适于种粮，每一粒青稞都要靠马拉人扛从山外运送进来。每当大雪封山，这里就会与外界隔绝数月之久。因此，鲜少有人愿意在此长期生活。

1960 年玉麦乡初立，卓嘎和央宗的阿爸桑杰曲巴出任第一任乡长。随后几年，乡亲们迫于生活艰苦陆续内迁，桑杰曲巴也曾一度离开，但最终他带着女儿们又回来了，他说：“只要有人在，才能把家看好，这块土地才能守得住。”从 1964 年到 1996 年，在长达 32 年的时间里，阿爸和卓嘎、央宗是这片 3644 平方公里土地上仅有的居民，山外的人都把玉麦称作“三人乡”。

不管日子如何艰苦，阿爸都要带着她们定期巡山，把五星红旗插在边境线上，用最纯粹的方式守护着家园。父女三人坚守这样的信念：家是玉麦，国是中国！祖国的土地一寸也不能少！

1988 年，卓嘎接任玉麦乡乡长，央宗担任副乡长兼妇女主任。她们接过阿爸亲手缝制的五星红旗，也接过放牧、守边和建设家园的职责。没有人能比她们更了解这片土地，甚至连卫星探测不到的地方，她们都能熟记心间。

时光流逝，卓嘎、央宗一家坚守国境线的故事逐渐传播开来，感动了很多人。

2017 年，在党的十九大召开之际，卓嘎和央宗给习近平总书记写了一封信，表达为国守边的决心，并汇报家乡的发展变化。10 月 28 日，习近平总书记在回信中说："希望你们继续传承爱国守边的精神，带动更多牧民群众像格桑花一样扎根在雪域边陲，做神圣国土的守护者、幸福家园的建设者。"

习近平总书记的褒扬和勉励，让卓嘎、央宗等所有玉麦人增添了守边固边的信心和动力，申请前来落户守边的居民越来越多。到 2020 年，曾经的"三人乡"已变成 67 户 200 多人、下辖两个行政村的小康乡，年人均可支配收入达到 3.8 万元。玉麦乡有了自己的电站、卫生院、小学，各项基础设施完善，公共服务十分便利，跋山涉水到山外购买生活用品的日子一去不复返了。

如今，卓嘎和央宗已经退居二线，但她们的守边故事依然在继续。卓嘎说："走不动守边的路，就给大家讲述红色故事，做好守边精神的传承。"可喜的是，新一代的守边人正在玉麦成长起来。卓嘎的女儿巴桑卓嘎和央宗的儿子索朗顿珠，都在大学毕业后回到了玉麦。他们说，当年阿妈和姨妈听了波啦（爷爷）的话，日日夜夜守在玉麦大半辈子。现在，他们也要听阿妈的话，接力守护家园。

"家是最小国，国是千万家。只有国家这个大家庭日益强大、繁荣昌盛，才会有成千上万个小家庭的幸福快乐、和谐安定。"卓嘎代表一家人，信心满满地说，"我们一定会继续守护好祖国边境线上的一草一木，有信心把我们的玉麦乡建设得像格桑花一样美丽。"

（文／李国涛　编辑／中国妇女杂志社　王梓蓉）

王仕花：
让五星红旗飘扬在开山岛上

致敬词

她陪伴丈夫以海岛为家、与艰苦为伴，把青春年华奉献给了祖国海防事业。她紧握丈夫留下的“接力棒”，让五星红旗永远高扬在开山岛上。

王仕花：生于1962年。江苏省连云港市灌云县开山岛民兵哨所名誉所长。与丈夫王继才共同获评“时代楷模”、“最美奋斗者”、感动中国2018年度人物等。个人获评全国三八红旗手标兵等。

开山岛位于我国黄海前哨，面积只有两个足球场大，战略位置十分重要。1985 年部队撤编后，设立了民兵哨所，但因条件艰苦，在一年多的时间里就换了 4 批 10 多位民兵，其中值守最长的仅 13 天，最短的只有 3 天。

1986 年 7 月，江苏省连云港市灌云县武装部政委找到 26 岁的王继才，王继才二话没说，毅然担起守卫黄海前哨——开山岛的重任，瞒着家人上了岛。全村最后一个知道他守岛消息的，是他的妻子王仕花。王仕花带着女儿上岛探望，看着胡子拉碴的丈夫，她的眼泪夺眶而出：“别人不守，咱也不守，回家去吧！”王继才对妻子说：“你回吧，我决定留下！守岛就是守家，国安才能家安。”

没想到几天后王仕花就辞掉了镇小学教师的工作，她对丈夫说：“开山岛不能没有你，而你不能没有我。”从此夫妻二人一起坚守开山岛 30 多年，被人们亲切地称为“开山岛上的夫妻哨”。

开山岛上最重要的仪式就是升国旗，30 多年从未间断，夫妻二人珍藏的国旗就有 200 多面。每天清晨，王继才和王仕花说的第一句话就是：“仕花，起来，去升旗。”之后他们扛着国旗走上山顶，一人展开国旗，一人肃立敬礼。升旗后，二人便开始了一天中的第一次巡岛，在哨所观察室用高倍望远镜扫视海面，观察岛上自动测风仪、测量仪是否正常。晚上 7 时，二人再巡岛一遍。

1987 年，儿子即将出生，王继才由于大意，没能提前送妻子去医院。没想到台风突然来临，王仕花在岛上临产无法下岛，她忍住巨大的疼痛，“指挥”丈夫接生，烧开水、煮剪刀、剪脐带。当儿子发出第一声啼哭时，王继才也跌坐在地上哭了。

守岛不仅要面临单调枯燥的工作和缺水、缺电的生活条件，还要与违法犯罪分子作斗争，夫妻俩先后发现、举报并破获走私、偷渡案件 10 余起，为国家挽回了巨额经济损失。

从上岛开始，王继才、王仕花夫妇离岛过春节只有 5 次，一次是王继才母亲 80 岁大寿那年，一次是儿子考上大学那年……更多的时候，都是王继才和王仕花两个人守着收音机和看不清画面的电视机，听着春晚迎新年。就连父母去世，他们也没能守在身边。大女儿结婚时，化了 5 次妆都被泪水打湿，进礼堂时，一步三回头，但父母迟迟没有出现，只因他们坚守执勤没有及时赶到……

夫妻俩把对亲人的思念和关心，全都化作了守岛的动力和对过往渔船的关怀。晚上，王继才、王仕花会在岛上点上灯火，让过往的渔船看清航道。遇到大雾，王继才、王仕花就敲击脸盆，发出响声，让渔船避开小岛。有渔船断粮、断水求助，王继才、王仕花也总是尽全力去帮助他们。

2018 年 7 月，王继才在开山岛执勤期间突发疾病，经抢救无效去世。他用一生践行了一名共产党员的赤诚信念：“永远守在开山岛，守到守不动为止。”

王继才走后，王仕花向组织递交申请继续坚守开山岛。她说：“我也是党员，老王的诺言就是我的诺言，我也要守到守不动的那一天。”

（来源 / 江苏省妇联　编辑 / 中国妇女杂志社　邵玮）

冷菊贞：将好风景变成大产业

驻村 6 年，她用镜头语言书写“致富经”，用“好风景”激活古村，打造乡村振兴的“东北样板”，用心血和汗水浇灌出小南河村的“幸福之花”。

致敬词

冷菊贞：生于 1973 年。黑龙江省双鸭山市民政局党组成员、副局长，曾任驻双鸭山市饶河县小南河村第一书记、工作队队长。获评全国三八红旗手标兵、全国优秀共产党员、全国脱贫攻坚奖创新奖、全国人民满意公务员、全国先进工作者等。

小南河村所在的黑龙江省双鸭山市饶河县是冷菊贞的家乡，对摄影的热爱加上浓浓的乡情，她拍了很多家乡风景，在摄影大赛上频频获奖。双鸭山市委组织部组织选派第一书记时，抱着“为家乡做点儿事”的想法，冷菊贞主动报了名。2015 年 12 月，她背着摄影包到小南河村上任。来之前就打定了主意：做旅游！把小南河打造成摄影旅游基地！

冷菊贞选了三座木刻楞老屋，自己花钱买来了花布、窗花、年画、灯笼等，把老屋装扮起来。村民跟着干：翻磨盘、钉爬犁、编苞米串、挖雪道……冷菊贞把这些都拍成图片或视频，发到了摄影群和朋友圈，很快就有人关注，浙江一支 30 人的旅行团循迹而来，成了小南河村的第一批游客。

除夕夜，零下 20 多摄氏度，冷菊贞独自一人踏着没膝的积雪，登上大顶子山，拍摄冰雪中小南河村红灯高挂的梦幻景象。照片传到网上，立刻就火了。大年初二开始，游客络绎不断，仅一个正月，村里就接待了 140 个旅游团、1500 位游客。

正月过后，二月初二，冷菊贞又打造了“开耕节”，小南河村再次热闹起来。这次活动还上了中央电视台的《中国新闻》栏目。为了丰富旅游业态，村里恢复了酒坊、油坊、豆腐坊等传统老作坊，让游客体验古老的关东风情。小南河由此一炮而红，成了远近闻名的东北民俗旅游村，还被列入了省乡村旅游示范点。

冷菊贞又开始考虑村里的其他产业。“旅游虽然能挣钱，但毕竟周期长，也不能只吃这一碗饭。”小南河村有两万亩地，但大都是贫瘠的岗子地，靠传统种植脱贫致富基本不可能。2017 年春节，她把村里所有能卖的东西都包装成商品带到了哈尔滨年货大集，包括冻饺子、冻豆腐、山野菜、野蜂蜜、辣椒酱、煎饼等。东西虽然都卖出去了，但市场反应平平，唯独小南河辣椒酱有很多人打听，她意识到这是个卖点，回来就把其他产品都停了，主推小南河辣椒酱。现在“小南河辣椒酱”已是市场的香饽饽，村里的“明星产品”。

为了扩大产业规模，村里建成了标准化食品加工厂，辣椒酱生产从农村小作坊变身为有生产资质的正规企业，辣椒从种植到收获，再到加工，形成了一条产业链，带动了一批人就业，前景广阔。

驻村 6 年，冷菊贞用镜头讲述小南河的故事，带领村民发展乡村旅游脱贫致富。把一个默默无闻的小山村打造成了远近闻名的东北民俗旅游村，将好风景变成了大产业。

（文／张素军　编辑／中国妇女杂志社　苏容）

陈　维：
练就“火眼金睛”，守卫“海上国门”

致敬词

她坚守海事危防监管一线 21 年，练就了过人的“最强大脑”和“火眼金睛”，是海事领域的“女福尔摩斯”，守卫着“海上国门”。

陈维：生于1980年。上海浦东海事局党委委员、副局长。党的十九大代表。荣获全国三八红旗手标兵、全国五一劳动奖章、中华环境优秀奖等。

2002 年，陈维从浙江大学环境工程专业毕业，通过层层选拔考入上海浦东海事局，她先被分配到政务大厅，工作内容就是船舶进出港签证、危险品申报审批和违法行为的违章处理等。后来，陈维成为第一个走上海事危防执法一线的女性，成天和船舶、海员、集装箱、货物打交道，常常要接触危险品甚至辐射物。

陈维所在的上海市外高桥港区是全国集装箱吞吐量最大的单列港，而她日常的工作之一就是监管、查验船载危险货物集装箱，排除安全隐患。集装箱巨大且封闭，如何能精准有效地找到可疑危险品呢？善于思考的陈维独创了确定目标箱、现场查验、行政调查的“三步开箱查验法”，并且在全国海事系统推广开来，对谎报、瞒报的违法行为给予了有力的打击和震慑，有效保障了船舶的航行安全。

初到岗位时，年纪轻轻、身材娇小的陈维并不被人高马大的船员们放在眼里。有一次，一艘装载有大量进口危险品货物的货船行至上海港，申报过程中系统突然发出警报。为了在对方卸货之前及时确认实际情况，陈维和同事连夜查验，发现有两类危险品不应放在一起。当她质疑时，负责货品管理的德国大副瞬间流露出傲慢和不屑，他说自己在这条船上工作了十几年，这两类货品的间距完全符合有关公约规定，自己绝不可能犯如此低级的错误。在陈维坚决要求下，双方到现场进行了核查，测量到这两类货物的码放间距只有 2 米多，与公约规定的 6 米相去甚远。德国大副心服口服，还特别感谢陈维帮他纠正了多年以来的错误认知。

为练就过硬本领，陈维只要有空，便捧着厚厚的 3 大本国际海运危险货物规则熟读默记，练出了记忆力过人的“最强大脑”。她的一项绝活就是能够仅凭记忆将 3000 多种常见货物的联合国编号与其品名、积载类别、隔离要求、危险性质等快速地一一对应起来，并做到准确无误。她编写的《船载危险货物集装箱开箱查验工作手册》，成为指导全国海事系统开箱查验的工作规范，并被写入 2 部国务院行政法规。

陈维在海事领域声名鹊起，被盛赞为“女福尔摩斯”。陈维说，能以如此厉害的偶像冠名，既是对她过往成绩的一种肯定，更是对她今后工作的期待和鞭策。

上海浦东海事局为她专门成立了“陈维海事危防监管创新工作室”，“女福尔摩斯”从此有了更多的得力助手。

荣誉等身，但陈维很谦虚，她说自己就是“水上交警”，让船舶航行更安全，让海洋环境更清洁，是她应尽的职责与使命。

（文／王婕　编辑／中国妇女杂志社　申敏夏）

刘桂珍：为民纾困最幸福

致敬词

45 载挎着药箱在山路上奔波，29 年坚守村小学讲台，26 年担任村党支部书记，19 年兼任村委会主任……她用柔弱的肩膀扛起医病、育人、治贫重任，带领村民过上了好日子，书写了大山女儿的精彩人生。

刘桂珍：生于1963年。山西省忻州市代县峪口乡段家湾村党支部书记、村委会主任。党的二十大代表。获评全国三八红旗手标兵、全国农业劳动模范、全国劳动模范、全国优秀党务工作者等。

1978年，作为村里的第一个高中生，刘桂珍一心想考大学、出大山。那时，村子偏僻、没有医生，村民看病远、就医难。时任村党支部书记的父亲对她说："就你一个高中生，你不干谁干？"从此，刘桂珍收起走出大山的心，挎起药箱，成了一名村医。

"一开始没有一点儿医学知识，就买书自学，向别人请教。"刘桂珍很快学会打针、输液、针灸、理疗，成了村民最信任的"全能医生"。不论刮风下雨，还是半夜三更，只要乡亲们需要，她总是第一时间赶到。分文不取、贴钱看病……村里的老人心疼她，她却说："被群众需要，就是我最大的幸福。"

1988年，村里唯一的小学老师辞职，村里条件差，城里的老师不愿意来。刘桂珍又接过担子，成为村里唯一的"全科老师"。"一定不能让孩子们再当'睁眼瞎'，要让他们学到更多的知识，走出大山，出人头地。"刘桂珍说。由于是复式教学，刘桂珍要备各年级的课，教小学所有的课程，她甚至把家当学校，一天也不敢懈怠。直到2017年下半年，村小学合并到乡镇学校，刘桂珍才卸任代课老师。在她代课的29年间，段家湾村小学没有一个学生辍学，成绩在全乡名列前茅，全村适龄儿童入学率、巩固率和小学毕业生合格率均超过98%。

1996年，段家湾村"两委"换届，刘桂珍全票当选村党支部书记。

2003 年，她当选村委会主任，成了段家湾村历史上第一位女性村干部。当年段家湾村是乡里、县里有名的“三无”村——地下无资源、地上无企业、集体无收入，村民们日子过得紧巴巴。刘桂珍上任之后，思考最多的就是如何让村里的百姓富起来，过上好日子。

“段家湾人要挺起腰杆，必须靠产业”，经过学习考察，刘桂珍结合村里的土壤气候条件和比较优势，决定第一个“吃螃蟹”，在自家承包的 3 分河滩地种上了油松树苗。经过两年的精心管护，第三年春天见到了成效，3 分地的树苗卖了 7.5 万元。

头雁振翅群雁飞，在刘桂珍的带动下，种油松树苗的村民越来越多，全村 19 户村民搞起了育苗产业，育苗面积迅速扩大到 80 多亩，每亩平均收入达到六七万元。刘桂珍当起了技术指导，给村民传授育苗技术，还垫钱送苗。村民收入跳跃式攀升，2017 年段家湾村实现整村脱贫。

2018 年，刘桂珍牵头成立“代县刘桂珍种植苗木合作社”，统一调购育苗的种子、肥料，进行技术培训，推进全村产业发展，并带动邻村王家会、石家湾等共同发展。2020 年年底，段家湾村脱贫户人均纯收入超过 1 万元；2021 年，村集体收入超过了 15 万元，段家湾村脱贫致富的成色更足了。村民们都说，“她就像大山的女儿，段家湾变了，她没有变。有这样的村干部，我们安心”。

如今的新段家湾村，又并入了周边的 6 个自然村，规模大了、人多了，操心的事也多。在村民的信任和嘱托中，刘桂珍放弃了搬迁进城的机会，留下来继续服务村民，她说：“我的心愿就是带领村民过上更好的日子！”

（文／史飞飞　编辑／中国妇女杂志社　申敏夏）

支月英：用教育点亮希望

致敬词

扎根大山 40 余年，从风华正茂到两鬓斑白，她用韶华热血奉献坚守三尺讲台，通过教育阻断贫困代际传递，改写了两代人的命运和人生，点亮了大山深处的未来与希望。

支月英：生于1961年。江西省宜春市奉新县澡下镇白洋教学点负责人。第十三届全国人大代表。获评全国三八红旗手标兵、“最美奋斗者”、全国脱贫攻坚先进个人、全国模范教师、全国岗位学雷锋标兵、全国五一劳动奖章等。

“不是因为看到了希望才坚持，而是坚持了才有希望。”这是2019年教师节前夕上映的电影《一生只为一事来》中女主角支月英的话。电影根据江西省宜春市奉新县澡下镇白洋教学点负责人支月英的真实故事改编。支月英，坚守山村讲坛40余年，牵着一批又一批山村孩子走出大山，走向希望。

1980年，19岁的支月英来到奉新县白洋教学点执教。没有围墙，教室昏暗潮湿，窗户不全，除了一块木制的旧黑板和拼凑的课桌椅外再无其他。学校不通汽车，山路陡峭，玻璃难以完整运上山，支月英自己掏钱买来塑料薄膜装在窗户上，勉强把冬日刺骨的寒风拒之窗外。而孩子们的课本、讲课用的粉笔等也要靠她和同事步行20多里山路肩挑手提运上来。后来她买了辆大马力摩托车，自己骑着在山路上往返运送教材和教学器材，先后竟骑坏了6辆车。有人称她为“铁人”，她却说：“我哪里是铁人，在这条路上，我不知道哭过多少回，但为了孩子们，我愿意吃苦。”

无数挑灯备课的夜晚，无数认真教孩子们唱歌、跳舞、做游戏的时光，无数刮风下雨、结冰打霜都坚持接送孩子们上下学的场景，无数与家长、孩子的促膝长谈……促使教学点学生成绩综合评估每次都位居全镇前列。

23 岁那年，支月英当上了泥洋小学的校长，兼管两个村的小学。学校设施简陋，入学率、巩固率、普及率都不高，支月英带着同事就地取材，搭乒乓球台、铺简易篮球场、挖沙坑，又走门串户，给家长反复做工作，当年学校的“三率”就达到了 99.5%。

随着农村城镇化建设不断推进，泥洋小学规模逐步缩小，教师越来越少，最后只剩下支月英一人，她成为语文、数学、音乐、体育都要教的全科老师。2012 年，泥洋小学撤销，组织上决定调她下山到中心小学任教，可她却放弃了下山的机会，“山上的孩子更需要我”。

长期高负荷工作，支月英的身体亮起了红灯。2003 年胆囊切除后，她又查出声带结节、甲状腺功能减退、血糖升高。2013 年，她小腿严重静脉曲张，手术留下了 14 道刀口疤痕，这是她坚守山村、忘我付出的见证。她右眼视网膜出血，右耳钻进一只硬壳虫，都因怕耽误课程顾不上下山就医，而错过了最佳治疗时间，导致右眼失明、右耳失聪。但支月英觉得这些病痛都不值一提，最让她感到自豪和幸福的，是孩子们从懵懂少年成长为对国家有用的人才。当学有所成的孩子们从千里之外赶回来看望她、拥抱她的时候，就是她人生的高光时刻。

从“支姐姐”到“支妈妈”再到“支奶奶”，变的是称呼，不变的是信念。为了坚守教书育人的初心，支月英在教育扶贫一线一干就是 40 多年，人生芳华铺就了脚下的路，她总说：“那条上山的路扎根心底，什么也阻挡不住我攀登的脚步。”

（文／中国妇女杂志社　杨华）

梁建英：助力中国高铁跑出“加速度”

致敬词

从“和谐号”到“复兴号”，从时速 200 公里到时速 350 公里，她以坚定科技报国、矢志创新为民的情怀，攻坚克难，勇攀技术高峰，助推高铁跑出中国速度，让百姓出行变得更加安全美好！

梁建英：生于1972年。国家高速列车技术创新中心主任，曾任中车青岛四方机车车辆股份有限公司副总经理、总工程师，教授级高级工程师。研究成果获国家科技进步奖特等奖、中国青年科技奖。获评全国三八红旗手标兵、全国五一巾帼标兵、最美科技工作者等。

作为中国高铁装备行业唯一的女总工程师，梁建英带领研发团队，成功研制了从“和谐号”到“复兴号”，从运营时速200公里到350公里各个速度等级的高速动车组。她和团队设计研制的“和谐号”CRH380A高速动车组，更是创造了时速486.1公里的世界铁路运营试验最高速，惊艳了全世界。

1995年，梁建英从上海铁道大学（现同济大学）毕业，进入中车青岛四方机车车辆股份有限公司，成为一名铁路列车设计师。2004年，国家开始加快高速铁路发展，公司随即启动对时速300公里高速动车组项目的研发，梁建英担任项目主任设计师，首次亲手设计高速列车。

高速动车组是一个庞大的系统工程，每列动车组由50多万个零部件组成，需要设计几万张图纸，分析的试验电子数据记录多达数百兆，整个设计工作技术含量高、难度大。从200公里到300公里，速度提升的背后，是无数道需要跨越的高难度技术门槛。面对挑战，在随后的3年多时间里，梁建英牺牲了所有的节假日，一心扑在高速动车组的研发上。2007年12月，梁建英带领团队成功突破空气动力学、系统集成、车体、转向架等关键技术，国内首列时速300～350公里动车组终于成功问世。

2008 年，梁建英再次接受挑战，担任 CRH380A 高速动车组主任设计师，设计时速达 380 公里的动车组，这也是当时世界设计运行时速最高的动车组。为摸透动车组在高速运行条件下的动态行为、性能和规律，梁建英带领团队开展海量的科学研究试验。团队奔赴全国各地，在京津、武广、郑西高速铁路完成了累计长达 2 年的线路试验，历经 450 多项仿真计算、1050 多项地面试验、2800 多项线路试验，攻克了一道道技术难关，于 2010 年成功研制出 CRH380A 高速动车组，并且在京沪高铁先导段创出时速 486.1 公里的世界铁路运营试验最高速。

有了风驰电掣般的速度，还需在实际运营中释放最大的能量。2013 年，"复兴号"动车组项目启动，梁建英和研发团队承担的任务是进一步深化创新，使我国的高速动车组在方便运用、节能降耗、降低全寿命周期成本、进一步提高安全冗余等方面实现全面升级。"如果说从时速 200 公里到时速 380 公里，我们实现了速度的突破，掌握了高速动车组关键技术，那么'复兴号'动车组，则是我们攀登的一个全新高度。"

经过 4 年的艰难攻关，"复兴号"于 2017 年 9 月在京沪高铁以 350 公里的时速正式投入运营，使我国成为世界上高铁商业运营速度最高的国家。此外，在安全性、舒适性、节能降耗等主要技术指标上，"复兴号"更是领冠世界，为全球高铁运营树立了新的标杆。为此，梁建英感到无比自豪。

看着一代代车型迭代升级，梁建英就像看着自己的孩子不断成长一般欣慰。然而，创新的脚步从未停止。2016 年，梁建英带领团队又开始一项新的技术攻关，研制时速 600 公里的高速磁浮。为了突破关键技术难题，从项目启动到成套系装备下线，梁建英团队历时 5 年自主攻关，历经 1680 余项仿真计算、4250 余项地面台架式试验和 500 余项线路试验，啃下了一块又一块硬骨头。2021 年 7 月 20 日，具有完全自主知识产权的我国时速 600 公里高速磁浮交通系统成功下线，标志着我国已经掌握了高速磁浮成套技术和工程化能力。“未来，我们希望能为大家带来更美好的出行生活——安全、快速、舒适、便捷、智能、绿色，这是每一个轨道交通装备设计师的梦想。我想，这也一定能成为推动我们实现强国梦的动力。”梁建英说。

（文／李晓珊　编辑／中国妇女杂志社　王梓蓉）

陈卉丽：延续文物生命的“石刻医生”

致敬词

她是延续文物生命的“石刻医生”，她和团队用对历史负责的严谨态度和“绣花功夫”，让大足石刻千手观音造像“金光再现”，开创了我国大型不可移动文物修复的先河，为保护世界文化遗产——大足石刻作出了突出贡献。

陈卉丽：生于 1965 年。大足石刻研究院（大足石刻博物馆）保护工程中心主任、研究馆员。享受国务院政府特殊津贴。党的二十大代表。获评全国三八红旗手标兵、全国五一劳动奖章、全国先进工作者、全国五一巾帼标兵等。

大足石刻，世界文化遗产、世界八大石窟之一，被誉为 9 世纪末至 13 世纪中叶石窟艺术陈列馆。5 万余尊石雕历经千年保存完好，文物修复专家陈卉丽和她的团队功不可没。

1995 年，陈卉丽从四川老家调到大足石刻研究院，先做了 10 个月的讲解员。她在讲解中越来越理解石刻的价值，转而钻研文物修复，进步飞快。

有着 800 多年历史的大足石刻千手观音是刻在整块山石上的浮雕，占崖立面面积 88 平方米，展开面积达 220 平方米。多年风雨剥蚀，金箔翻卷，彩绘斑驳，指断腕折，灰尘蒙面，有的轮廓模糊成一片……2008 年 5 月，国家文物局将大足石刻千手观音造像修复列为全国石质文物保护“一号工程”，陈卉丽成为这一工程的主要技术负责人之一，并担任石质修复组组长。

这是一个史无前例的挑战，修复过程中出现的每一个问题，都将是世界级的难题。前期病害勘查，修复人员就发现有风化、断裂、空鼓、金箔脱落等 34 种，残缺则多达 440 处。陈卉丽和团队充分利用科技手段，三维激光扫描、重新建模，并且第一次引入 X 射线探伤的检测原理，探测金箔之下的隐形伤口。前期共收集了 35000 个数据，手绘病害图 297 张，病害矢量图 335 幅，拍摄现状照片 2 万余张，编制修复实施方案 1066 个。

陈卉丽和团队不仅要对造像“望闻问切”，还要研发靶向“药品”，为文物“打针”注射加固剂。在 3 年多的时间里，他们从 10 多种材料中提取不同比例剂量，实验 100 余次，终于配比完成了适应千手观音环境的加固剂。先后有上百人参与千手观音造像修复，每天早上 8 点上脚手架，中午 12 点下来吃饭，下午 1 点再上去，一直干到太阳下山。他们每天站在高高的脚手架上，长期嗅着刺鼻的材料味，在狭小的空间内长时间保持一种姿势，加之文物保护的需要，再热不能吹空调，再冷不能用烤炉，不但要克服蚊虫叮咬、冻疮、化学试剂过敏等“折磨”，还要忍受颈椎病、腰椎病等带来的伤痛。

一天修复结束并不意味着当天任务的完结。晚上，他们还要做大量资料的整理，把照片分类，在病害图和修复图上做修复标注，进行研究和总结。最终，陈卉丽出版了 45 万字的专著《大足石刻保护探索与实践》。

2015 年 6 月 13 日，是我国第十个“文化遗产日”，经过 8 年的努力，这一天，大足千手观音“金光再现”，开创了我国大型不可移动文物修复的先河，为保护世界文化遗产大足石刻作出了突出贡献。该工程被评为第三届全国优秀文物维修工程。

让从历史深处走来的文物“活”起来，更好地服务时代、服务大众，陈卉丽说，文物保护与修复永远在路上。

（文／中国妇女杂志社　苏容）

张桂梅：创山村教育奇迹

致敬词

她坚守滇西深度贫困山区，创办全国第一所全免费女子高中，让近2000名女孩圆了大学梦，创造了大山里的教育奇迹，点亮了乡村女孩的人生梦想。

张桂梅：生于1957年。云南省丽江华坪女子高级中学党支部书记、校长，华坪县儿童福利院（华坪儿童之家）院长。党的二十大代表。“七一勋章”获得者。获评全国三八红旗手标兵、“时代楷模”、全国脱贫攻坚楷模、感动中国2020年度人物、全国优秀共产党员、中国十大女杰、全国先进工作者、全国道德模范等。

1974 年，张桂梅跟随姐姐从家乡黑龙江来到云南。1990 年，她从丽江教育学院毕业后，与丈夫一起来到遥远的云南大理喜洲镇第一中学支教。不料几年后丈夫因胃癌去世，痛苦万分的张桂梅日日触景伤情，于是申请调到偏远的丽江市华坪县民族中学任教。她发现班上有好几个女生辍学，就去家访。有的女孩哭着说自己想读书，但家里太穷拿不出学费，父母让她嫁人换彩礼；有的女孩被父母留在家干农活儿，供上学的哥哥弟弟们去县城补课……

重男轻女的传统观念影响着云南大山里一代又一代女性的命运，怎样才能真正帮到这些女孩呢？张桂梅想到了一个在当时很多人看来根本不可能实现的办法——办一所免费的女子高中，为大山里的女孩提供受教育机会。因为“只有这样才能阻断贫困的代际传递，打破女孩没文化的恶性循环”。她说：“我要解决低素质母亲和低素质孩子的恶性循环！我想改变一代人！”

几经周折，张桂梅的梦想感动了无数人，当地政府首先拿出 200 万元资助办学。2008 年 9 月 1 日，丽江华坪女子高级中学（简称华坪女高）正式开学，这也是全国第一所全免费女子高中。94 名来自深度贫困县的大山女孩走进校园，开启新的人生。对于大山里的女孩们来说，华坪女高没有“门槛”，即便基础很差、中考分数没过录取线，也全部招进来。首届学生几乎全都是“线下”生。张桂梅暗下决心，就是把命搭上，也要把学校办出名堂。

华坪女高的学生都熟悉张桂梅手里的小喇叭，她似乎永远都在对着小喇叭吼：“傻丫头，快点儿！快点儿！”从创办学校至今，她始终睡在学生宿舍，管理非常严苛，将学生吃饭、睡觉、做操的时间严格控制在分秒。因为“入学的女孩要把小学、初中的课补回来才能参加高考，在这里 3 年，相当于要学 7 年的知识”。她不厌其烦地督促学生起床、跑步、吃饭、睡觉，“你们迟到一秒钟我也不干！”。她不断地对老师和学生说：“坚持，再坚持一下呗！”她自己有病也不去看，因为“不能把宝贵的时间浪费在无休止地看病上”。华坪女高的学生都知道，进入这所学校就是来改变命运的，不拼拿什么和别人比？张老师也在拼啊！大家都知道她身患 20 多种疾病，骨瘤、血管瘤、肺气肿、类风湿、小脑萎缩……然而，拖着病躯，她 12 年坚持家访，行程 11 万余公里，覆盖华坪和周边县的 1500 多名学生的家庭。

2011 年夏天，华坪女高首届毕业生一炮打响，高考 100% 上线，还有几名学生考上了一本。和学生入学成绩相比，华坪女高创造了一个奇迹。

2016 年，华坪女高有了食堂、宿舍，还有了标准的塑胶运动场。华坪女高送走一届又一届毕业生，不仅一本上线率高达 40% 多，高考成绩综合排名连续多年居丽江市第一。

2022 年，张桂梅送 159 名学生参加高考，150 人过了本科线，600 分以上的就有 17 人。而此前的 12 年，她让 1645 名女孩走出大山，考上了大学。

丽江市贫困山区的许多初中毕业的女孩，都走进了华坪女高的学堂，历届高中毕业生升学率 100%。毕业生们进了浙江大学、厦门大学、四川大学、武汉大学……遍布全国各地。很多学生大学毕业后和她们的校长一样，主动选择去偏远艰苦的地方工作。她们当了教师、警察、医生……

至今已有近 2000 名女生接受了“公平而有质量的教育”，从华坪女高走进大学。不仅她们自己的命运就此发生转折，也给贫困的家庭带去了新生，为当地的脱贫攻坚作出了不可磨灭的贡献。联合国教科文组织促进女童和妇女教育特使彭丽媛，向联合国教科文组织第五届女童和妇女教育奖致贺词时，提及张桂梅的故事，称赞她：“像一束希望之光，照亮孩子们的追梦人生。”

（编辑 / 中国妇女杂志社　苏容）

2021

全国三八红旗手标兵

桂小妹	湖北省武汉市青山区工人村街道青和居社区党委书记、妇联主席
赵　晶	中国兵器工业集团首席技师，内蒙古第一机械集团第四分公司数控车工
张宝艳	“宝贝回家”寻子网创始人，“宝贝回家”志愿者协会理事长
赵宪珍	上海市嘉定区南翔镇流动党员学堂党委书记、上海嘉定品海饭店总经理
刘双燕	安徽省税务局党建处一级主任科员，派驻安徽省六安市金寨县全军乡熊家河村第一书记，曾任利辛县汝集镇朱集村第一书记、工作队队长
张抒扬	北京协和医院院长、党委副书记，兼中国医学科学院北京协和医学院副院校长
芦咏莉	北京第二实验小学党委副书记、校长
王兰花	曾任宁夏回族自治区吴忠市利通区金星镇王兰花热心小组党支部书记，现为王兰花热心小组慈善协会会长

桂小妹：居民需要什么，我们就干什么

致敬词

扎根棚改回迁社区十余载，时刻把居民的冷暖放在心上。那件印着“是党派我来为您服务的”红马甲，成为社区最鲜艳的色彩，也成为她最坚硬的“铠甲”。

桂小妹：生于1979年。湖北省武汉市青山区工人村街道青和居社区党委书记、妇联主席。获评抗击新冠肺炎疫情全国三八红旗手、全国三八红旗手标兵、全国优秀城乡社区工作者等。

2020 年 9 月 8 日，全国抗击新冠肺炎疫情表彰大会上，桂小妹代表全国先进基层党组织讲述社区抗疫经历。

2020 年，新冠疫情突如其来，平日里净是家长里短的社区，一下子变成了疫情联防联控的第一线，原本祥和的小区突然间只剩下空气和流动的尘埃。

农历腊月二十八，也就是武汉封控的前一天，桂小妹简单收拾了生活用品，把女儿送到父母家，她告诉女儿：“妈妈要去社区保护居民，外公外婆就交给你保护了。”她说：“只有把社区这道防线守住，才能有效切断疫情扩散蔓延的渠道。社区干部是党在基层的代言人，越是危险的地方，就越需要我们冲锋陷阵。”

没想到，桂小妹这一出门，就是 74 天。在社区走访排查、体温测量、消毒消杀、转运病人、代购代送，她忙得昏天黑地。为了确保 5 个“百分之百”到位，社区拉网式排查疫情“四类人员”。这是一场不分昼夜的战斗。21 名社区工作者和 21 名下沉党员干部“白天敲门、晚上数灯，逐户逐人、监测体温”。第一天，完成了 3000 多户、近 5000 人；第二天，完成了 2000 多户、3000 多人；第三天，查漏补缺。

大排查的一天深夜，一名居民打来电话：“桂书记，你快去看看我妹妹吧！”桂小妹一边往她家赶，一边协调联系车辆和医院，后来这位居民的妹妹被确诊感染，经过精心治疗康复出院。4 月 9 日，她给桂小妹发来短信："谢谢你们的帮助，让我重获生命！"

经常有人问桂小妹："你们每天东奔西跑，不怕感染吗？"桂小妹说："怎会不怕。可在服务居民时，听到大家的一声'你们辛苦了'；上门入户排查，还没有说明来意，门里就传来声音'是你们啊'；敲开紧闭的家门，打开认可的心门，我们还怕什么呢？"

社区居民不能外出了，可他们的吃喝拉撒怎么办？由 1 名网格员、1 名下沉干部和 3 名志愿者组成的 15 个"1+1+3"敲门小分队出动了！

2020 年 3 月 10 日，习近平总书记来武汉考察时说："武汉人喜欢吃活鱼，在条件允许的情况下要多组织供应。"9 天后，近 2 万斤欢腾的活鱼驰援而来。居民们高兴地说："活鱼来了！活鱼来了！"那天，社区微信群的主题是"厨艺大赛"，烧鱼、炸鱼、鱼丸子……家家户户都拿出了自己的看家本领。这是一场暖心的接力，是"人民利益无小事"的生动答卷。

2020 年 4 月 8 日那天，武汉解封了。那一天，居民们高兴地在阳台上集体高唱："我和我的祖国，一刻也不能分割……"那一天，桂小妹和她的小伙伴们都哭了。

疫情是一次大考，也是对基层治理体系和治理能力现代化的充分检验。桂小妹说，习近平总书记提出要"加快补齐治理体系和治理能力短板"。湖北省委也及时出台了一系列含金量十足的政策。"我们的待遇提高了，大家的干劲儿更足了！"现在 112 名党员干部常态化下沉社区，服务居民的力量更强了。"今后，我们将继续用心用情服务好群众，居民需要什么，我们就干什么！让党旗在心头更加鲜艳，让灯火在夜晚更加温暖。"

（文 / 中国妇女杂志社　王晓艳）

赵　晶：铁甲雄风绕指柔

致敬词

精于工，匠于心，品于行。她先后攻克多个精密加工技术难点，是兵器工业数控精密加工领域的“大国工匠”。以工匠精神书写时代华章，以铁甲雄风成就奋斗人生。

赵晶：生于 1983 年。中国兵器工业集团首席技师，内蒙古第一机械集团第四分公司数控车工。享受国务院政府特殊津贴。党的十九大、二十大代表。荣获第十四届中华技能大奖等。获评全国三八红旗手标兵等。

中国兵器工业集团内蒙古第一机械集团有限公司（简称一机集团）是国家保军骨干企业、唯一的主战坦克研制生产基地，参加了新中国的 5 次国庆大阅兵，向全世界展示了新中国的国防实力，也记录着兵器工人的梦想与奋斗。作为一机集团和“大国工匠”的代表，赵晶曾登上天安门前观礼台，观看庆祝中华人民共和国成立 70 周年阅兵式。当看到装甲部队驾驶一机集团生产的铁甲战车从眼前驶过，她深感荣耀与自豪。

2003 年，20 岁的赵晶从包头职业技术学院毕业，进入一机集团，师傅给她一把旧车刀，让她站在砂轮机前一遍遍练习磨车刀。手磨破了，车刀也磨得越来越薄，但拿给师傅看时，却被师傅扔进了废料箱。就这样日复一日，躁气“磨”平了，基本功也“磨”出来了。

2016 年，赵晶作为全国十强中唯一的女性参加中央电视台《中国大能手》“数控刀客”决赛，凭借加工出一个薄壁不超过 0.3 毫米的酒杯的“神”技能获得冠军，被赞誉为“数控女刀客”。

在国家级某型号试验项目的备件生产任务中，产品设计加工精度要求达到 0.005 毫米，而当时工厂的加工精度约为 0.03 毫米。时间紧、难度大，赵晶主动请缨，一遍遍研究参数、琢磨工艺，经过五天四夜的连续奋战反复试制，最终顺利完成生产任务，产品一次合格率达到 100%。

18 年的职场生涯，赵晶一直在攻克“卡脖子”技术。她独创的“一位双刀套类零件操作法”，在公司内堪称独树一帜。凭借“精密加工”这一绝活，赵晶先后攻克了30余个型号、数百种零件的加工难题。她的“一种锻造用压力机通用框架”等项目获得国家专利授权。在某阅兵重点装备液压件制造过程中，赵晶将精密制造技艺发挥得淋漓尽致，突破多个瓶颈完成攻关任务，在业内首次实现该类结构试制加工，荣获国防科技进步一等奖。

把冰冷生硬的铁块加工成整洁光滑、内含玄机的精密零件的艰难付出，常人难以想象。赵晶那双爬满新旧疤痕的手更让人心疼。加工零件时飞出的钢屑不可避免地溅在手上，对于爱美的女孩子来说，一个小伤疤都很难过，可赵晶却不以为意，“一点点烫伤很正常，说明我加工零件的数量很多”。在男性主导的机加工行业，她以执着和专注，把铁甲雄风化作了绕指柔情。

“没有成功的个人，只有成功的团队。”赵晶经常这样说。2013年一机集团第四分公司创建“数控技能大师工作室”，在工作室成员的共同努力下，2017年被授予“国家级技能大师工作室”，目前已经发展成为一个集立项、攻关、创新、研发、育才为一体，具有多工种、多技能、多模式、多功能的“大师工作室产学研实训基地”。

“创新永不止步，数控设备和加工技术在不断迭代升级，向数字化、信息化、智能化方向发展，我们要把科技成果应用在实现中国式现代化的伟大事业中，勇做新时代科技创新的排头兵。”对赵晶来说，这不是豪言壮语，而是日复一日爱岗敬业，对劳模精神和工匠精神的实践和礼赞。

（文／中国妇女杂志社　王晓艳）

新时代
巾帼楷模

张宝艳：
聚八方爱心，助宝贝回家

致敬词

让宝贝回家，让天下无拐，是她无悔的心愿。创建并引领“互联网 + 打拐”的公益新模式，促成 1 万多个家庭团圆，她用爱心织就寻亲网，“网”住希望和善良。

张宝艳：生于1962年。“宝贝回家”寻子网创始人，“宝贝回家”志愿者协会理事长。第十三届全国人大代表。获评全国三八红旗手标兵、感动中国2015年度人物、“中华慈善奖”慈善楷模等。

自 2007 年创办“宝贝回家”寻子网，十几年来，张宝艳和她的志愿者团队已经帮助 1 万多个家庭重新团圆。

创建“宝贝回家”源于张宝艳自己的经历。她的儿子 4 岁时险些走失，虽然是一场虚惊，但那种绝望和无助的感觉却久久无法消散。她深刻感受到，如果孩子真的丢了，整个家就完了，自己也活不下去。从那时起，她开始关注“拐卖”“寻亲”这些话题，也想尽力去帮助那些不幸的家庭。后来，随着互联网的普及，张宝艳意识到，较之四处去散发寻人启事，网络才是寻亲更有效、更有力的途径。

经过认真细致思量，2006 年，张宝艳辞去在银行的工作，与丈夫秦艳友于翌年共同创办了“宝贝回家”寻子网——国内首个免费寻亲公益网站，使来自各方的信息在这个平台上得以沟通和交换，帮助那些被拐、走失、流浪的孩子回家。

最初的日子非常艰苦。张宝艳每天早上六七点上线，维护网站内容，收集发布求助信息，一直工作到深夜。每天接打数小时的电话，每月电话费最多达到过 2000 多元，都是自掏腰包。她与丈夫先后 60 余次南下北上，奔赴解救孩子第一现场，为残疾孩子募集救助善款。同时还要面对各种的误解，被质疑是“骗子”，然而张宝艳夫妻俩的想法很简单，“只要能找到一个孩子，我们也算值了”。

网站创建后的第一年，他们一共找到了 10 个孩子。如今，平均每天能帮助 4 个家庭团圆。社会各方爱心力量也纷纷加入，如今“宝贝回家”已经成为国内寻亲类最大、最知名的公益组织，有全职工作人员 20 多名，全球注册志愿者 38 万人，共找回 5120 多名孩子，帮助 10517 个因各种变故而离散的家庭实现团圆。

谈及这十几年来的经历，张宝艳坦言她也见证了法治中国的一路前行。2009 年，公安部开展全国打拐专项行动，建立了全国联网的拐卖儿童 DNA 数据库；启动了“快速寻人机制”，一旦有孩子失踪，公安机关立即以刑事案件立案侦查；实施了“一长三包机制”，2015 年，收买被拐卖的妇女儿童开始被追究刑责；2016 年，公安部儿童失踪信息紧急发布平台上线，一批拐卖婴幼儿的犯罪分子被判处死刑……与此同时，社会各界对寻亲、打拐领域的关注持续增长。2014 年，中央电视台推出大型公益寻亲节目《等着我》，电影《亲爱的》《失孤》也得到广泛关注，这些节目和作品素材全都来自“宝贝回家”的案例。

尽管“宝贝回家”的社会影响力越来越大，但网站上登记的新增失踪儿童却在逐年减少。张宝艳特别开心，她说自己最大的心愿就是“天下无拐、万家团圆，‘宝贝回家’网站无事可做、早日关门”。

（文／李晓珊　编辑／中国妇女杂志社　王梓蓉）

赵宪珍：“当家女人”拼出人生新高地

致敬词

16 岁挑起家庭重担，从摆摊卖菜到经营饭店，成为万千个体工商户的典型代表；致富不忘回报乡邻，组建集贸市场“妇女之家”，为个体户姐妹纾困解难。“永远跟党走，知恩莫忘报”，这是她心头最滚烫的誓言。

赵宪珍：生于 1959 年。上海市嘉定区南翔镇流动党员学堂党委书记、上海嘉定品海饭店总经理。获评全国三八红旗手标兵、全国孝亲敬老之星、抗击新冠肺炎疫情全国三八红旗手、全国关心下一代工作先进个人。其家庭入选全国最美家庭。

赵宪珍是农村长大的“卖菜姑娘”，是迎风踏浪的女企业家，是常年热心助人的“好女儿”“好妈妈”，是流动党员心里“牵风筝的人”……40 多年来事业家庭一肩挑，堪称“当家女人”的她，拼得很苦很难，却从未放慢前行的脚步。

父亲患有肺癌，母亲得了尿毒症，大哥因脑膜炎常年瘫在床上，二哥胃癌早逝，弟弟眼睛失明……打击接踵而至，招招致命。作为赵家唯一的女儿，赵宪珍 15 岁就辍学成了一名“卖菜姑娘”。每天天还没亮，她就蹬着一辆老式 28 自行车出门了，一个来回得 4 小时，但她不怕苦，一到市场，就把毛豆、小葱摊平码齐，等待客人挑选。从骑车卖菜到服装厂女工，再到开熟食店、经营饭店，赵宪珍转换过多个战场，也愈战愈勇。创业的艰辛她尝过无数，因动迁被迫关张、同行的恶语相向、顾客的刻薄挑剔……都没有击垮她那颗无比强大的“心脏”。

一边忙着打理饭店，一边操心着每一位家人。大哥的营养品、嫂子的生活用品、弟弟看病的医疗费、侄女的学习用具……事无巨细，桩桩件件，赵宪珍都记在心上。她像个停不下来的永动机，不断绷紧弦为自己加码。

正因为自己吃过太多苦，赵宪珍对于身处困境的人更能感同身受。致富后，她从未停下助人的脚步，陆续资助近百名贫困儿童顺利完成学业，帮助 30 多个特困家庭渡过难关。

李雨在市场里卖菜多年，生意一直不错，后因新冠疫情影响入不敷出，情绪日渐低落。赵宪珍一边宽慰她，一边给她出谋划策，帮助他们一家走出困境。

为了把集贸市场的妇女凝聚到一起，在妇联的帮助支持下，赵宪珍在上海嘉定区的南翔集贸市场成立了“妇女之家”。以前，市场上的姐妹彼此因为竞争少不了红个脸、拌个嘴，但自从“妇女之家”成立，她们一笑泯“恩仇”，成了同一战壕的“战友”。

2020 年 7 月 21 日，赵宪珍迎来人生的“高光时刻”，习近平总书记在北京主持召开企业家座谈会。会上，7 位企业家代表发言，赵宪珍是唯一一名个体工商户代表，也是唯一的女性。在会上，她将大家的经营发展状况和相关建议汇报给了习近平总书记，为全国 8260 万个体工商户兄弟姐妹“代言”。

“要高度重视支持个体工商户发展。积极帮助个体工商户解决租金、税费、社保、融资等方面难题，提供更直接更有效的政策帮扶。”习近平总书记这番话，给赵宪珍和广大个体工商户吃了“定心丸”，注入了“强心剂”。当晚，赵宪珍激动得一宿没睡着。

赵宪珍说：“是党的好政策让我从一个卖菜姑娘成为一名企业家，我也要努力成为孤寡老人的好女儿、贫困孩子的好妈妈、创业路上的好姐妹，用实际行动回报社会，履行好企业家的社会责任。”“永远跟党走，知恩莫忘报”，这是赵宪珍心头最滚烫的话。

（文／王婕　编辑／中国妇女杂志社　申敏夏）

刘双燕：
11 年立恒心，情洒乡村路

致敬词

税务干部主动请缨，11 年三进乡村担任第一书记，从参与脱贫攻坚战到投身乡村振兴，她用青春和奉献诠释巾帼担当，成为扶贫路到振兴路上的“铿锵玫瑰”。

刘双燕：生于1975年。安徽省税务局党建处一级主任科员，派驻安徽省六安市金寨县全军乡熊家河村第一书记，曾任利辛县汝集镇朱集村第一书记、工作队队长。获评全国三八红旗手标兵、全国脱贫攻坚贡献奖等。

从 2012 年到 2021 年，刘双燕先后在安徽省亳州市利辛县陆小营村、朱集村担任第一书记，其间两次主动留任，带领贫困群众脱贫致富。2021 年 7 月，刘双燕结束了长达 10 年的驻村工作，回到税务部门。“回城后，无数次梦中醒来的清晨，恍惚间以为自己还在村里，我才明白自己的血脉已经融入那片洒下无数汗水的土地，那个让我魂牵梦萦的村庄……”刘双燕说。

挥别脱贫攻坚战，乡村振兴再出发。2022 年上半年，刘双燕主动报名投身乡村振兴，担任安徽省第八批驻村第一书记，来到了革命老区——六安市金寨县全军乡熊家河村。

历经 10 年驻村，为什么又重回农村？“过去的 10 年是我人生的宝贵财富，我深切体会到‘你跟乡亲有多亲，乡亲就跟你有多近’。”刘双燕说。村民们的认可是给她的最大褒奖，如果熊家河的山水能因她的努力而更加美丽，还有什么比这更幸福的呢？

回首过去硕果累累，展望未来信心满满。“金寨县是一片红色的土地，是鄂豫皖革命根据地的核心区之一，身为党员，我更有责任和义务将这里发展好。”一到熊家河村，刘双燕就迅速进入工作状态，紧紧围绕乡村振兴战略部署，优化基础设施强产业，新建基地阳光大棚，打造红色乡村旅游品牌，组建“红色宣讲团”，为金寨县全军实验学校争取到近 30 万元教学物资捐赠……

乡村振兴，教育先行。刘双燕组建全军实验学校红杜鹃合唱团，培养中小学生对音乐的兴趣爱好、开阔音乐视野、提高音乐素养，丰富学校的课外文化生活，让美育浸润山区的孩子。刘双燕表示，前不久，爱心企业的捐赠物资已陆续到位，杜鹃合唱团已完成组队并按计划开展集训。

在刘双燕的积极争取下，中华社会文化发展基金会给全军乡的孩子们提供了一次登上国家级舞台的机会。乡里立马选拔了 34 名热爱音乐的孩子，成立了少年合唱团，并聘请专业的音乐老师做指导。“我对孩子们讲，比赛结果不重要，但能与全国乃至世界最顶尖的合唱团同台竞技，开阔视野，这才是参加比赛的意义。”刘双燕说。

7 月 21 日，首届中国合唱大会暨 2023 全国青少年合唱展演闭幕，在与近 200 支合唱团队的角逐中，红杜鹃乡村少年合唱团脱颖而出，获得了 C1 乡村地区团队组二等奖的好成绩。

文化振兴是乡村振兴的重要内容和有力支撑。刘双燕认为，乡亲们日子过好了，更需要丰富的精神文化生活。到熊家河村驻村以来，她和村“两委”成员一道，利用本地文化特色，打造了一批乡村文化振兴项目。“熊家河村山美水美，又有红色基因，我会尽己所能，让美丽乡村焕发新的生机和活力。”刘双燕表示，她将继续带领村民，在乡村振兴画布上描绘出最新最美的风景。

（编辑／中国妇女杂志社　杨华）

张抒扬：以生命守护生命

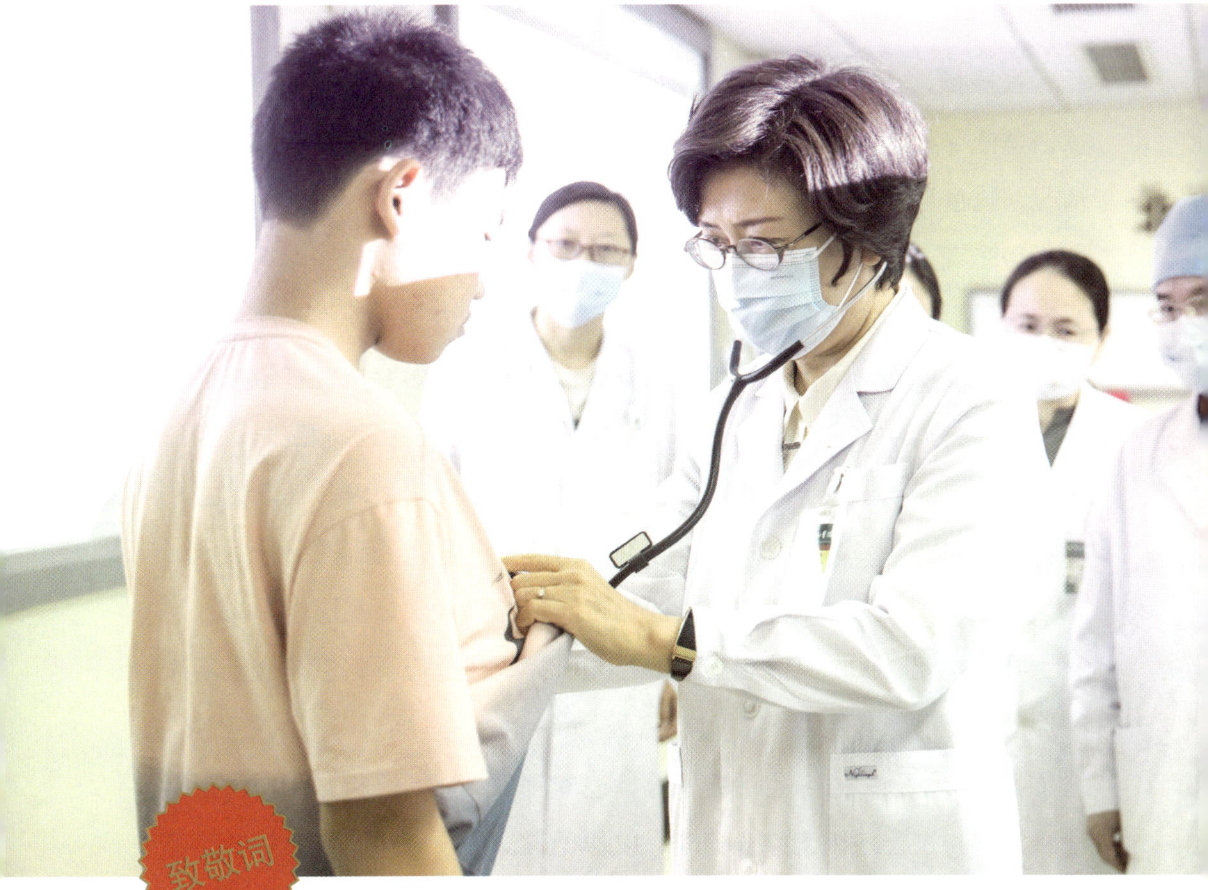

致敬词

坚守信仰，向善向美。39 年坚守医教研第一线，张抒扬以生命守护生命，用大爱成就大医，彰显了新时代巾帼医者的使命担当。

张抒扬：生于1963年。北京协和医院院长、党委副书记，兼中国医学科学院北京协和医学院副院校长。第十四届全国人大代表。获评全国三八红旗手标兵、全国五一劳动奖章、全国抗击新冠肺炎疫情先进个人、中国医院协会2022年优秀医院院长等。

张抒扬，是那个永远冲在前面的人。作为心脏病学、罕见病学专家，争分夺秒是她的习惯。学习要拔尖，专业要优异，有病人、有紧急情况，她也是第一时间冲上去，同病魔抢生命。

1986年，张抒扬以优异成绩毕业于北京医科大学临床医学系，毕业后被保送至中国协和医科大学，在北京协和医院内科获得临床医学博士学位。读博期间，美国指导老师对她极其赞赏，说她会成为“未来最有前途的心脏病学专家之一”。2011年，她任北京协和医院副院长，2015年起兼任中国医学科学院北京协和医学院副院校长，2019年任北京协和医院党委书记，2020年起担任北京协和医院院长、党委副书记。

早在20世纪90年代初，张抒扬在前辈的指导下，在国内率先开展急性心肌梗死（AMI）静脉溶栓治疗与研究，建立心导管室与介入治疗的规范管理。张抒扬主张，对患者进行诊治时，应综合考虑家庭因素、遗传因素、社会因素、生活方式等，追本溯源、深入分析，在作出正确诊断的同时进行多因素综合管理，以取得最佳治疗效果，最大程度改善患者预后。

除了在心脏病学领域成果显著，张抒扬怀救苦之心，积极推进罕见病的诊疗研工作。作为全国罕见病诊疗协作网国家级牵头医院，北京协和医院建立了中国罕见病诊疗服务信息系统，牵头编写了罕见病诊疗指南，创立罕见病医学科并开设联合门诊和多学科诊疗（MDT），建立了罕见病多学科“一站式”诊疗模式。张抒扬说，“罕见病是一个世界性的医学难题，我们要攀登医学高峰，通过多学科会诊提升诊疗能力，挽救患者生命。还要培养更多有情怀有担当的好医生，能诊能治罕见病”。2023 年 2 月，中华医学会罕见病分会在京成立，张抒扬当选第一届主任委员。

2020 年年初，新冠疫情突如其来，各地医护人员紧急支援武汉。张抒扬主动请缨，带领协和医院 186 名队员驰援武汉救治患者，整建制接管武汉同济医院中法新城院区危重症病房，精心为每位患者制订个性化诊疗方案，开展遗体解剖和组织活检，逐步建立“流程科学、体系严密”的危重症新冠肺炎救治协和方案。当时她深受坐骨神经痛的困扰，但是她靠着止痛片坚持下来，一刻也不敢懈怠。在她的带领下，协和医疗队以生命守护生命，能上的办法都上，救治的极危重症患者病亡率比国际报道低了近 30%，为全国疫情防控筑牢坚固的屏障。她还积极组织专家将诊疗经验和研究成果与国际同道交流分享，为全球抗疫贡献中国力量。回到北京后，来不及休整，她又继续担任北京协和医院疫情防控总指挥，用实际行动谱写出“人民至上、生命至上”的赞歌。

“世界上没有一个职业，能像医生这么特殊。也没有哪种服务，能像医学这样与被服务者的疾苦和幸福紧紧联系在一起。”张抒扬说，“医者的用心、尽心之上，一定是走心。不走心，无医学。走心医学，是有使命担当的医者每天的实践。”

（文／李晓珊　编辑／中国妇女杂志社　王梓蓉）

芦咏莉：为党育人，为国育才

致敬词

从高校讲坛到小学校园，她孜孜以求科研成果的落地生花。站立基础教育最前沿，她用爱与智慧培养孩子的幸福力，把“小学”办出了“大学”味道。

芦咏莉：生于1972年。北京第二实验小学党委副书记、校长。党的二十大代表。获评全国三八红旗手标兵、全国教育系统先进工作者等。

2011 年，39 岁的芦咏莉辞去了令人羡慕的高校教职，闯进了小学教育这片充满爱与无限可能性的新天地。“我仔细计算过，我在高校研究多年的成果在小学落地开花可能需要 5 年、10 年，甚至更久的时间，其中的困难与阻力可想而知。与其坐在高校里搞科研，不如亲自去基层一线任教，看看自己到底能否把别人认为‘不可能’但又‘正确’的事做成。”

一次，去内蒙古某市一所初中做课程示范和督导，芦咏莉决定示范一堂《论语十则》的语文课。此前，她都是在高校面对大学生授课，《论语十则》是她平生第一次给义务教育阶段的孩子上课，她清楚地记得当时教室窗外挤满了观摩的老师。

她并未一字一句地给学生疏通文义，而是把大家分成 10 个小组，每组就其中一则论语先进行内部自学和讨论。学生们不但要在相互教学中弄清句意，还要举例说明背后寓意，并提出赞同或者质疑的观点。然后，各组不仅要上台发言，还要开展组间辩论。孩子们的思想火花在三尺讲台上不断闪现和碰撞，教师“一言堂”的局面彻底被打破。课后有老师问：“一节课每人只学了一句，另外九句怎么办？”芦咏莉回答：“授人以鱼，不如授人以渔。至于知识本身，还可通过作业和测验来巩固和检验。”

为了将当时唯分数论的学生评价方法改为多维度的综合评价体系，芦咏莉还亲手设计过“成长记录袋”，在全国中小学推广。“成长记录袋”记录了学生每学期的行为表现和在关键事件中经历的反思、收获、成长，用质性评价替代了单一的成绩评价。

那些年，芦咏莉站在了中国基础教育改革的最前沿，日后她又把这些思想和实践的珍贵种子，播撒到北京第二实验小学，那就是“用爱和智慧育人”。

芦咏莉在学校掀起了“一月一话题”的大讨论，“博爱、自由、富强、诚信”以及一些生活中的问题都成了孩子们讨论的焦点。一年级“小豆包”也能发表自己的观点见解吗？芦咏莉肯定地点点头说：“必须的！要相信孩子，他们每个人都是小小哲学家。”

有一次，一位二年级女生问：“校长，什么是博爱？”她反问女生。女生说：“博爱，就是爱每一个人！”芦咏莉点点头。女生疑惑地追问：“包括坏人吗？”芦咏莉又肯定地点点头。学生吃惊地说：“校长，您要爱一个坏人，帮坏人干坏事吗？”她回答：“错！不是帮坏人做坏事，而是用爱感化坏人，制止坏人干坏事……说到底，‘爱’是满足合理的需求、拒绝不合理的需求，但如何判断合理与否，需要智慧，只有不断学习才能让人拥有智慧。”

孩子们还把这些话题带回家分享，让父母的思想也得到启发和成长……积极地思考、自由地思辨，让整个小学充满了大学的味道。

芦咏莉也常回想，自己的幸福力从何而来？记忆的画面中有：小时候，爸爸每天早起给全家人做荷包蛋；每到周末，母亲会让三个孩子一起洗衣服，姐姐搓净、哥哥漂洗、芦咏莉晾晒。“让孩子闻着家的味道长大，培养一个能给自己和别人带来幸福的孩子，比什么都重要。”她说，“我希望送给孩子们一生受益的礼物——一副健壮的体魄、一颗聪慧的头脑和一个远大的梦想。”

（文／稻香）

王兰花：兰花芬芳时，温暖一座城

古稀之年依然奔走在志愿服务第一线，她是群众心中的“活雷锋”；“靠近你，温暖我”，多年如一日，她让志愿服务微光成炬，凝聚民心向光而行。

致敬词

王兰花：生于1950年。曾任宁夏回族自治区吴忠市利通区金星镇王兰花热心小组党支部书记，现为王兰花热心小组慈善协会会长。党的二十大代表。“七一勋章”获得者。获评全国三八红旗手标兵、全国道德模范等。

2004年，王兰花光荣退休。为社区大事小情忙了13年，终于可以清闲了，但她并不开心，“我还有力气啊，还能为居民做些事。”不久后，王兰花和6位热心人一起成立了吴忠市首个社区志愿服务小组——“王兰花热心小组”。调解邻里矛盾、照顾孤寡老人又成了王兰花的生活日常。

“靠近你，温暖我”，是王兰花热心小组成立之初提出的口号，也是热心小组对居民的承诺。“志愿服务工作不能坐着等，要主动走到群众身边去。”如今，73岁的王兰花依旧每天坚持参与志愿服务，渐渐地，小区的路灯亮了、19号楼的下水通了、贫困户生病治疗费用能报销了、7号楼闹气的两口子和好了、单亲妈妈的廉租房申请下来了……

2010年，王兰花所在的裕西社区专门腾出230平方米社区用房供热心小组开展各类活动使用。各级党委、政府精心为王兰花热心小组打造了服务工作室、兰花成长轨迹室、党群工作室、康复理疗站等功能室，王兰花更加坚定了开展志愿服务、帮助群众的信心。

王兰花的热心肠感染着周围的人，她就像一个巨大的磁场，吸引着周边的人向她靠拢。“谁家娃娃上不了学，她跑前跑后张罗；谁家有重病致残的，她想方设法筹钱资助；谁家有解不开的疙瘩纠纷，她会上门协调解决……”说起共事十几年的王兰花，志愿者郭淑玲有太多感触。

郭淑玲是王兰花的老邻居。退休在家的郭淑玲看到王兰花把裤腿挽得老高，拿着一根 2 米多长的竹竿，头也不回，急慌慌地给人去通下水；看到王兰花去给 70 多岁的独居老人扫地洗衣做饭，还把老人的脚抱在怀里修剪指甲，那一刻她被王兰花征服了。郭淑玲成为王兰花爱心小组第一批成员，如今已经是“元老级”志愿者的她，成了王兰花的“左膀右臂”。

舒宏勇和舒宏亮兄弟、张金霞、马天乐、吴楠这些曾经在雨中被王兰花热心小组撑过伞的人，如今都成了为别人挡风遮雨的志愿者。王兰花爱心小组的志愿者已从 7 人发展到 1266 人。

“有困难找志愿者，有时间做志愿者。”志愿服务精神已经融入吴忠市民的灵魂。在吴忠，每 5 个人中就有 1 名志愿者。“看到这么多青少年踊跃参加志愿服务，我看到了未来，看到了希望。”王兰花高兴地说，“我最希望有更多的年轻人加入我们，把志愿者精神永远传承下去，让热心小组能永远持续为社区服务、为社会服务”。

2022 年，王兰花当选为党的二十大代表，第七次走进人民大会堂。“习近平总书记在报告中强调，要完善志愿服务制度和工作体系。我虽然已经 73 岁了，但是从事志愿服务的心依然火热、永远年轻。今后的日子里，我会继续有一分光发一分热，把志愿活动扎根在基层，帮助居民解决操心事、烦心事、揪心事！”

（文／郭懿　编辑／中国妇女杂志社　杨华）

2022

全国三八红旗手标兵

布茹玛汗·毛勒朵　新疆维吾尔自治区克孜勒苏柯尔克孜自治州乌恰县吉根乡护边员

李桓英　世界著名麻风病防治专家，首都医科大学附属北京友谊医院医生，北京热带医学研究所研究员

尹建敏　甘肃省兰州市红古区鑫源天然气有限公司董事长、兰州鑫源现代农业科技开发有限公司董事长

胡海岚　浙江大学脑科学与脑医学院（系）教授、院长，教育部脑与脑机融合前沿科学中心主任

卢宇彤　国家超级计算广州中心主任，中山大学计算机学院教授、博士生导师

路生梅　退休前为陕西省榆林市佳县人民医院副院长、儿科主任

杨　宁　广西壮族自治区柳州市融水苗族自治县安陲乡江门村党支部书记、村委会主任

甘公荣　退休前为中国工商银行江西萍乡莲花支行职工，现为江西省巾帼志愿服务协会副会长，江西省妇联副主席（兼）

吴蓉瑾　上海市黄浦区卢湾一中心小学校长

布茹玛汗·毛勒朵：帕米尔高原上的“界碑”

致敬词

用脚步丈量祖国的神圣领土，用双手镌刻下“中国”的字样，60余年时间，她在巡边路上行走几十万公里，亲手在边境线上竖立起一座座神圣的“界碑”，用忠诚与奉献谱写了一曲爱国戍边的壮歌。

布茹玛汗 · 毛勒朵：生于1942年。新疆维吾尔自治区克孜勒苏柯尔克孜自治州乌恰县吉根乡护边员。“人民楷模”国家荣誉称号获得者。获评全国三八红旗手标兵、“最美奋斗者”、全国爱国拥军模范、全国民族团结进步模范个人、最美巾帼奋斗者等。

乌恰县吉根乡地处祖国最西陲，帕米尔高原在这里高高隆起，是祖国每天送走最后一缕阳光的地方。全乡只有 2000 多人，却有 104 公里长的边境线。守护好祖国的边境线，是全乡各族干部群众的神圣职责。

1961 年 5 月，19 岁的护边员、柯尔克孜族姑娘布茹玛汗 · 毛勒朵与丈夫托依齐别克 · 阿马提库力结婚，在冬古拉玛山口安了家。

布茹玛汗 · 毛勒朵巡逻时发现，这里虽有边界线，却没有界碑。一天晚上，布茹玛汗 · 毛勒朵突然冒出一个想法：“我要在石头上刻上‘中国’二字，像界碑一样放到国境线上，让它们和我一样为祖国守边。”

布茹玛汗 · 毛勒朵不识字，她便向别人认真请教，学会了“中国”二字的柯尔克孜文和汉文写法。如今已是古稀之年的布茹玛汗 · 毛勒朵仍能清晰回忆起当年趴在雪地上，在第一块青石路标上学刻汉字“中国”时的场景。“当我将‘中国’两个字刻在石头上时，兴奋得紧紧将石头抱在怀里，一整夜都没有睡着。”第二天一大早，她迎着朝霞抱着石头就奔向边境，郑重地将它安放在了国境线上。

“大的石头就直接将‘中国’两字刻在上面，小的石头怕被风吹走，刻好了再用其他石头固定。”布茹玛汗 · 毛勒朵说，“最开始我没有工具，只能用尖石头刻，一天刻一块。遇到风雪天，手伸出来一会儿就被冻僵了，我就把手放进怀里焐一焐再继续刻。后来有了铁锤和钉子，就能刻得快一些，一天能刻好几块。”

时光荏苒60年，布茹玛汗·毛勒朵已记不清自己到底刻了多少块石头。那一块块刻着“中国”的“界碑”静静站立在边境线上，宛若一个个士兵，护卫着祖国的神圣领土，诉说着布茹玛汗·毛勒朵对祖国的热爱和忠诚。在她守护的山口，创造了连续60多年未发生一起人畜越境事件的奇迹。

吉根乡是边防官兵巡逻的最后一站，战士们走到这里时往往已是人困马乏、给养耗尽。所以，布茹玛汗·毛勒朵总会算好每月战士们抵达的时间，提前为他们准备好干粮、奶茶。

一个暴雨天，直到天黑，原本预计当天抵达的8名边防官兵迟迟不见踪影。布茹玛汗·毛勒朵焦急万分，她和儿子麦尔干把馕和奶茶揣进怀里，披上塑料布就冲进雨中，途中几次差点儿滑下山崖。终于，他们在一处废弃的羊圈里找到了被困的官兵，那时已是凌晨。布茹玛汗·毛勒朵的出现，让官兵们又惊又喜。等他们接过两人怀中的食物，发现毛勒朵大妈已经被冻得嘴唇发紫，牙床咯咯作响，身子也抖得跟筛糠似的。60多年来，布茹玛汗·毛勒朵记不清救治过多少冻伤、摔伤、被困暴风雪的“兵儿子”，她是几代边防官兵心中的慈母。

布茹玛汗·毛勒朵不仅把自己的青春奉献给了护边事业，也把这种守护者精神传递给了子孙。如今，她家中儿孙6人，除一名幼孙在读书，其余全部扎根边境，守护着祖国安宁。“我们全家用脚步丈量祖国神圣领土的决心不停，巡边护边的信念不改，心系祖国的爱国之情不变。”

（文／王宁　编辑／中国妇女杂志社　邵玮）

李桓英：毕生求索，只为没有麻风病的世界

致敬词

初心可鉴超凡风骨，热爱可抵岁月漫长！她是毕生求索的“战麻斗士”，是麻风病患口中可亲可敬的“李妈妈”。她把自己的每一天、每一年都献给了祖国麻风病防治事业，改写了数十万麻风病人的命运。

李桓英：生于 1921 年，2022 年去世。世界著名麻风病防治专家，首都医科大学附属北京友谊医院医生，北京热带医学研究所研究员。荣获国家科技进步奖一等奖等。获评全国三八红旗手标兵、“时代楷模”、全国五一劳动奖章、全国优秀科技工作者、全国先进工作者、“最美奋斗者”、最美巾帼奋斗者等。

20 世纪 70 年代，在彩云之南的西双版纳傣族自治州勐腊县，有大大小小数十个长期与世隔绝的麻风村寨。1979 年的春天，这里来了一位不怕麻风病传染的女医生，她舀起病人家的水就喝，捧起饭就吃，亲切地与病人握手。在那个“谈麻色变”的时期，她坦然跟麻风病人接触，让病人们深受感动。她就是李桓英。

1921 年生于北京的李桓英，1946 年留学美国约翰霍普金斯大学，毕业后成为世界卫生组织成立后的第一批官员。她在世界卫生组织任职 7 年，被派往亚洲、美洲等许多国家，在防治性病和雅司等疾病在贫穷落后地区蔓延的工作中有着出色表现。1958 年，她婉拒了世界卫生组织的续约邀请，瞒着定居美国的父母，只身辗转回到中国。“新中国刚刚成立，百废待兴，正是急缺人才的时候，作为中国人就应该回来。”

1978 年，57 岁的李桓英调到北京友谊医院热带医学研究所，将全部精力贡献给历来备受歧视的“不治之症”——麻风病。

为了寻求更好的治疗方法，李恒英长期奔波在云、贵、川等贫困边远地区。她大胆解放思想、开拓创新，将国外先进的治疗方法与中国实际相结合，率先开展了服药 24 个月就停药的短程联合化疗。短短几年，使肆虐数千年的麻风病成为可控、可治的普通疾病，全国麻风病人从 11

万人降至不足万人，年复发率仅0.03%，远低于国际组织小于1%的标准，为我国及世界麻风病防治工作作出突出贡献。1994年，该治疗方案被世界卫生组织在全球推广。1996年，她又率先在国内开展消除麻风运动，首次提出了麻风病垂直防治与基层防治网相结合的模式，被称为“全球最佳的治疗行动”。

1998年，第15届国际麻风会议在北京召开，在这次纪念现代麻风防治100周年的大会上，李桓英被推选担任本次大会的轮值执行主席，并作为世界卫生组织第七届麻风病专家委员会8位专家之一，作了《在云南实施麻风病防治特别行动计划的报告》，博得与会1000多名中外专家的热烈掌声。世界卫生组织官员诺丁博士紧紧握着李桓英的手说：“全世界麻风病防治现场工作，你是做得最好的。”

李桓英终生未婚，将全部身心都倾注在了麻风病防治事业上，直到生命的最后一刻。她曾说过：“这是我选择的生活，我很满意，我不后悔！”

2016年9月，第19届国际麻风大会在北京召开。李桓英荣获首届“中国麻风病防治终身成就奖”。同月，95岁高龄的李桓英怀着对党的无限忠诚向党组织递交了入党申请书。2016年12月，她与医院年轻的医务工作者一起庄严宣誓，成为中国共产党的一员。

视患者如亲人，这是李桓英生前的从医准则。她以生命至上、护佑苍生的医者仁心，一生探索，为破解麻风病防治的世界难题贡献了中国智慧，体现了心有大我、赤诚报国的爱国情怀。

（文／袁联潮　海昕园　编辑／中国妇女杂志社　陈昊晴）

尹建敏：陇原大地上的扶贫之花

致敬词

放弃稳定的工作和生活，她从东北奔赴西北，只因要做就做最难的事。既然全国脱贫看甘肃，甘肃脱贫看临夏，那就去啃硬骨头。躬耕陇原 20 余载，她走出了一条村企融合、产业助农的新路。

尹建敏：生于1960年。甘肃省兰州市红古区鑫源天然气有限公司董事长、兰州鑫源现代农业科技开发有限公司董事长。第十四届全国人大代表。获评全国三八红旗手标兵、全国民族团结进步模范个人、全国劳动模范、全国脱贫攻坚奖奉献奖、最美巾帼奋斗者等。

2001 年，响应西部大开发号召，尹建敏怀揣梦想来到甘肃兰州投资天然气产业，在当地政府的大力扶持下，很快有了一定规模。当她看到当地农村贫困家庭的现状后，决定将所有可用资本投入农业产业，开始了二次创业。

“要做就做最难的事。”尹建敏始终秉持这样的决心和信念。甘肃省临夏回族自治州是我国“三区三州”深度贫困地区，也是打赢脱贫攻坚战的主战场之一。2018 年，尹建敏带领团队来到东乡族自治县，进行产业扶贫。通过调研，她了解到东乡有延续几百年祖祖辈辈养羊的传统和历史。她说：“羊从来不吃有添加的东西，我认为可以给东乡打造一个羊肉品牌。”她带领团队先后走访了东乡的 9 个乡镇 40 多个村，把建档立卡贫困户带到企业、领到羊圈，通过现场实地培训，教会他们怎样把羊养好。

调研中，尹建敏还发现东乡妇女缺少就业机会。“东乡要想彻底脱贫，必须解决妇女就业问题。”在考察摸清东乡的地理环境气候等条件后，尹建敏决定把家乡东北的黑木耳种植引入东乡，让东乡妇女学文化、学技术，实现灵活上班，并给她们按劳发放工资，帮助数百名东乡妇女就近就业。

东乡贡羊、高原黑木耳产业做起来后，尹建敏又踏上了推介之路。“只有把产品卖出去才有价值，东乡老百姓才能有稳定的收入，产业才能稳定发展。”当初，尹建敏自己背着口锅，带着东乡的羊肉，到处参加展会，现场烹饪，让消费者品尝，来感受东乡羊肉原汁原味的品质。

东乡妇女有了收入，在家中的地位也提高了，甚至有妇女告诉尹建敏，将来想让孩子当科学家。尹建敏对帮扶的认知也发生了变化。早年她通过公益慈善来救助贫困人群，后来认识到只有通过产业来带动，才能变输血为造血。从 2014 年开始，尹建敏在兰州市红古和永登地区通过有机农业和设施农业带动扶贫达上万人。

尹建敏时刻牢记产业助农的初衷，把农产品全产业链中相对容易的东乡贡羊饲养、木耳菌棒采摘等交给农户，把羊种胚胎繁育研发、菌棒研发培养等投入资金大、技术难度大、回收周期长的和农副产品销售难题留给了自己。如今，尹建敏打造的甘味东乡贡羊、伊淼高原黑木耳、漳县深山黑木耳已逐渐成为全国知名品牌。在产业扶贫接续乡村振兴中，走出了一条符合企业实际、村企融合的发展之路，带动广大农村群众走上共同富裕之路。

躬耕陇原大地 20 余载，尹建敏已过花甲之年，但她依然在这片土地上奔走不停，她说：“是爱心事业让我感到快乐和幸福，我一定要将这项事业进行到底。”

（来源／甘肃省妇联　编辑／中国妇女杂志社　王晓艳）

胡海岚：闪耀世界科技舞台的女科学家

她是联合国教科文组织世界杰出女科学家奖的获奖人。她在神经科学领域爬最高的山，走最远的路，看最美的风景。

致敬词

胡海岚：生于 1973 年。浙江大学脑科学与脑医学院（系）教授、院长，教育部脑与脑机融合前沿科学中心主任。荣获世界杰出女科学家奖、中国青年女科学家奖、全国创新争先奖等。获评全国三八红旗手标兵、最美巾帼奋斗者等。

2022 年 6 月 24 日，世界杰出女科学家奖颁奖典礼在联合国教科文组织总部隆重举行，全球 45 位科学女性光耀巴黎。来自中国的浙江大学脑科学与脑医学院（系）院长胡海岚教授，因在社会和情绪神经科学方面的重大发现而获奖，她的研究将促进新一代抗抑郁药物研发。作为该奖项设立以来全球最年轻的获奖人之一和第 7 位中国获奖者，“她”智慧又一次在世界顶尖科技舞台上大放异彩。

1996 年，毕业于北京大学生物系的胡海岚赴美留学，先后在加州大学伯克利分校和纽约冷泉港实验室完成博士学业和博士后研究，师从美国科学院院士和世界知名科学家。2008 年，她毅然选择回国，加入中国科学院神经科学研究所，2015 年转入浙江大学，致力于研究情绪与社会行为的分子与神经环路机制。在情绪的神经编码、抑郁症发生的分子机制以及社会等级的神经基础等方向，取得一系列具有应用价值的系统性原创成果。首次揭示了导致抑郁的大脑机制，为研发更为安全有效的新型抗抑郁药物提供了多个崭新的分子靶点和理论基础。

“大脑和宇宙黑洞一样，是最为神奇的现象之一，也是人类智力的挑战极限，因为我们是在用自己的大脑在研究大脑怎么工作。”神奇与挑战，成为胡海岚研究的动力。而且越复杂，越有趣味。2019 年，胡海岚获第 12 届国际脑研究组织－凯默理神经科学国际奖，这是该奖自

1998 年设立以来，首次颁发给欧洲和北美洲以外的科学家，因此她被称为“亚洲第一人”。在该奖项官网的授奖依据中，评奖委员会这样描述胡海岚的贡献：此奖为表彰胡海岚教授在“情绪和情感行为的神经生物学基本机制”这一脑科学前沿领域，所取得的令人敬佩的成就。这些成就得益于她对系统神经科学中尖端前沿技术的驾驭，而她本人正是这些技术的开拓者之一。

“做科研，最大的成就感来自——你是第一个发现了自然未知中某个环节的人。”胡海岚说，让科技为人民生命健康保驾护航，不仅责任重大，而且乐趣无穷。

（文／中国妇女杂志社　苏容）

卢宇彤：创中国神速，引天河奔腾

致敬词

她长期致力于超算技术攻关，以创新突破和奋勇拼搏亲历了中国超算从跟跑到领跑的跨越式发展，让超级计算的世界格局被“中国速度”改写，是当之无愧的“超算女神”。

卢宇彤：生于1969年。国家超级计算广州中心主任，中山大学计算机学院教授、博士生导师。研发成果获国家科学技术进步特等奖1项、一等奖1项，荣立二等功2次。享受国务院政府特殊津贴。获评全国三八红旗手标兵、国家级科技领军人才、全军巾帼建功先进个人、最美巾帼奋斗者等。

卢宇彤出生于书香之家，父母都是大学老师，家中的学习氛围非常浓厚。小时候，她最喜欢看科幻小说，让思维在想象中遨游天际。高一时，她有幸参观了“银河一号”，并为这个庞然大物深深着迷，开始自发深入了解超级计算机，心里从此种下了“科学的种子”。在中国人民解放军国防科技大学计算机学院读本科期间，她与超算进一步亲密接触，跟随导师进行“银河二号”相关系统的软件测试与验证。从那时起，陆续参加了五代银河、两代天河的研制，见证了中国超算从跟随、追赶到超越的历程。

曾几何时，在超算这个领域，只有美、日等国的巨头企业才具备高速互联研发能力，而中国面临着层层技术封锁，举步维艰。作为“天河二号”超级计算机系统的副总设计师，卢宇彤带领团队奋勇攻关，在异构体系结构、自主高速互联网络、大规模层次存储架构、科学计算与数据处理融合软件栈、高密度结构工艺等方面取得了一系列重要的技术创新与突破。从 2013 年 6 月到 2016 年 5 月，“天河二号”不负众望，连续 6 次夺得世界超级计算机 500 强排名冠军，打破了美、日在世界超算届的长期垄断，超级计算的世界格局从此被“中国速度”改写。

2016 年，卢宇彤出任国家超级计算广州中心主任，将研究重心由超算系统研制转移到超算应用。“超算技术本身是科学技术创新的成果，但同时它也是支持其他科技创新的核心。我们的目标是要让国产超算更快、更强、更好，让科技创造更加美好的生活。”她带领团队自主研发的“星光”国产多模式融合超算应用支撑平台，构建起了多样化应用与复杂超算系统间的桥梁，大幅拓展国产超算应用领域，有力提升了国产超算的应用服务能力与效率。

目前，国家超级计算广州中心已支撑了数千项国家和地方重点课题的研发，在大气海洋科学、宇宙与地球科学、生物医药、新材料、新能源、工业制造、智慧城市等众多领域取得重大应用成果，服务用户单位超过 5000 家，用户群体超过 30 万人，遍布全国 34 个省级行政区，让国家超级计算广州中心成为全球系统利用率最高、用户数量最多、应用领域最广的超算中心之一，位列世界最具应用影响力超算中心前五，也是唯一一个不需要政府运营补贴的国家级超级计算中心。

2017 年，在德国法兰克福召开的国际超级计算机大会（ISC）上，卢宇彤当选大会会士（ISC Fellow），成为中国首位获此殊荣的学者，更是全球唯一获此殊荣的女性。2019 年，她成为国际超级计算机大会（ISC）40 多年历史上首位女性主席，向世界展现了中国女科学家的卓越能力与风采。

展望未来，卢宇彤踌躇满志，“在相当长时间内，超算仍将是唯一的高端计算平台，是世界各国激烈竞争的重点领域，国产超算应用发展任重而道远，机遇与挑战并存。我们将不断创新超越，让中国超算更快、更强、更好”。

（文／中国妇女杂志社　王梓蓉）

路生梅：一“生”如“梅”为民开

从北京到榆林佳县，从门诊到手术台，从青丝到白头……扎根陕北 50 余载，她以韶华护一方百姓平安，践行医者仁心，谱写巾帼传奇。

致敬词

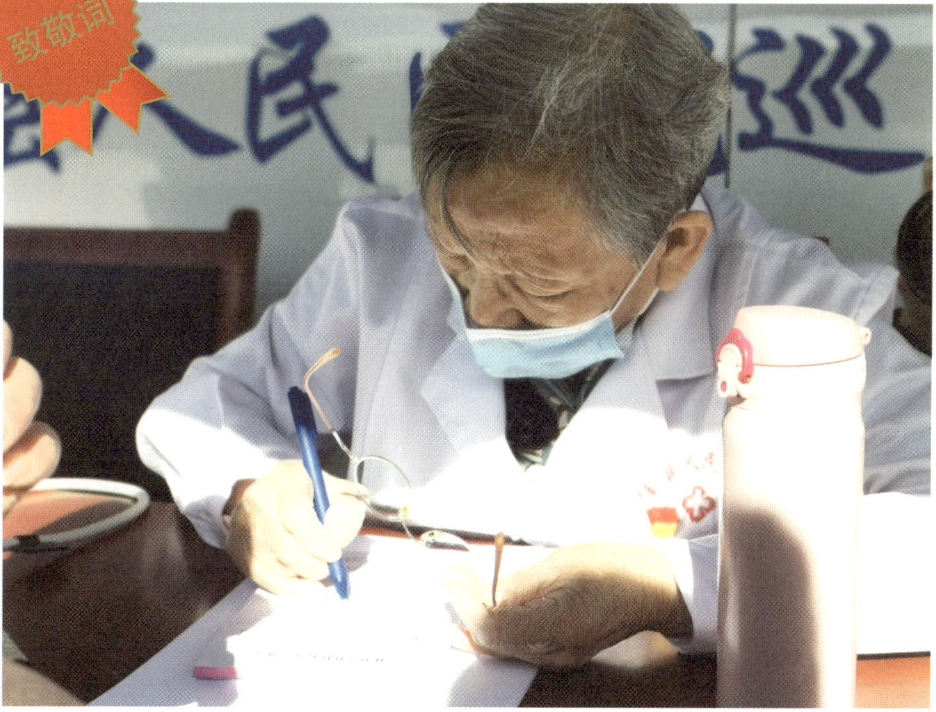

路生梅：生于 1944 年。退休前为陕西省榆林市佳县人民医院副院长、儿科主任。党的二十大代表。获评全国三八红旗手标兵、全国优秀共产党员、全国道德模范、最美医生、最美巾帼奋斗者等。入选“中国好人榜”。

路生梅始终坚定“服从组织分配，到祖国最艰苦、最需要的地方去”的理想信念，坚守在贫困地区从事医疗卫生工作 55 年，用赤诚的医者仁心守护革命老区人民的生命健康。

1968 年，北京姑娘路生梅从北京第二医学院（现首都医科大学）毕业，响应“把医疗卫生工作的重点放到农村去”的号召，来到陕西省榆林市佳县人民医院工作。到了佳县她才发现，这里的医疗条件十分落后，群众也缺乏基本的卫生常识，深感这里就是最需要她的地方。她决心为佳县医疗事业奉献力量，许下了“为党工作 50 年，为佳县人民服务 50 年”的承诺，立志把自己的青春年华毫无保留地奉献给这片土地。

路生梅主修儿科，但这里的医院并不分科，所有的医生都必须是多面手。为了做各种病都能看的医生，让从山沟里赶来的老乡们及时看上病，她每天早晨扛着工具参加义务劳动，白天接诊病人，晚上点着油灯刻苦学习，迅速从一名专业儿科医生成长为全科医生。

佳县的生活条件艰苦，住的是窑洞，喝的是混浊的黄河水，下乡出诊要走几十里路，还动不动就染上一身虱子、跳蚤。路生梅内心有过挣扎，也曾动过离开的念头，并非因为怕苦，而是她想继续“攀登医学的高峰”。但这里的民风质朴，这里的人们更需要医生，这些都让她一次又一次放弃调离佳县，特别是返京机会，留了下来。

1984 年，路生梅创办了佳县第一个正规儿科。路生梅的努力很快见到成效，儿科成为佳县医院的骨干科室。在全区小儿静脉穿刺技能大赛中，该科室拿下团体、个人双“第一”的好成绩。同行们感叹：佳县是榆林地区最穷的县，佳县医院是全区医疗条件最落后的县级医院，佳县医院儿科却是榆林地区最好的。

路生梅在创建二级甲等医院、爱婴医院，推广新法接生、科学育儿、实施儿童计划免疫等方面作出了突出贡献。为提高医疗和护理技术，她送科里所有护士分批去进修学习，资金不足时，她就自掏腰包。

1999 年，路生梅退休后，拒绝外地医院的高薪聘请，依然坚持每周在县医院和中医院义务坐诊，接诊患者超过 15 万人次；她还组建老年志愿者团队，深入农村帮扶留守儿童和空巢老人，组织老年志愿者常年开展关爱弱势群体、做慈善、美化环境、倡导优良家风等公益活动。

路生梅扎根在这片黄土地，救治过无数患者，几乎半个佳县的老百姓都找她看过病。如今走在佳县街头，随时都有老乡拉着她问寒问暖。她幸福地说：“在佳县，经过我医治的 4 代人的家庭，比比皆是。走在佳县的街道上，有人叫我‘路姐’，有人叫我‘路姨’，还有人叫我‘路奶奶’。”

2018 年 12 月，路生梅终于完成了当初“为党工作 50 年，为佳县人民服务 50 年”的承诺，她又作出新的承诺：“生命不息，服务不止。”她说，眼睛有些花了，生命留给自己的时间虽然未知，但自己要尽可能多帮助些人，能帮助多少就帮助多少。“什么叫承诺？不变的东西才叫承诺。”

（文 / 李晓珊　编辑 / 中国妇女杂志社　王梓蓉）

杨　宁：
用青春之光照亮乡村振兴之路

摄影 / 《柳州日报》黎寒池

致敬词

从脱贫攻坚到乡村振兴，13 年来，她的脚步从未停歇。走最险的路，去最偏远的山寨，带领村民过上幸福美好的生活，她把青春与激情奉献给了生她、养她的土地！

杨宁：生于1985年。广西壮族自治区柳州市融水苗族自治县安陲乡江门村党支部书记、村委会主任。党的二十大代表。获评全国三八红旗手标兵、全国脱贫攻坚奖奋进奖、中国青年五四奖章、全国脱贫攻坚先进个人、全国优秀党务工作者、最美巾帼奋斗者等。

在广西壮族自治区柳州市融水县的苗族地区，有世代传承跳“芒篙舞”的习俗，村民们把“芒篙”视为幸福的守护神，而大学生村官杨宁是被当地人传颂的“女芒篙”。

在 2021 年全国脱贫攻坚总结表彰大会上，杨宁从习近平总书记手里接过了全国脱贫攻坚先进个人的荣誉证书，她十分激动。“没想到是总书记亲自给我颁奖，我太兴奋了，这是对我们基层干部的激励。”

一件格子衫、一条休闲裤、一双解放鞋，是杨宁在江门村的标配。2010 年，从广西大学工商管理专业毕业的她，拿到了几家单位的录用通知，但她坚持选择回乡，立志为家乡脱贫献力。“既然决定了，我就会努力做到最好！”到任第一天，杨宁特意换上了新买的解放鞋，乘坐村主任的摩托车入户走访。一名村民看着杨宁说：“这个阿妹不错，穿解放鞋的，一定是个肯做事的人。”

江门苗寨，地处偏僻，贫穷落后，当时村里农民人均年纯收入不足 1000 元。见过“世面”的杨宁心想：要想快速脱贫致富，必须发展特色优势产业。她决定发动村民用苗族传统的“稻 + 鸭 + 鱼”共作模式种植紫黑香糯。

紫黑香糯是苗家人千百年传承的独特品种，每亩稻放养 13 只香鸭、

150条禾花鱼，既种植了生态有机的紫黑香糯，还形成了一条完整的生态链。为了让村民们减少顾虑、敢于尝试，杨宁在动员会上说："稻谷、鸭苗、鱼苗都由我免费提供，你们只需种养，我来收，国家还有针对贫困户的产业奖补资金，大家放心干。"但谁也不知道，30万元的启动资金是杨宁偷偷把家里帮她准备的婚房卖掉，又东拼西凑才筹措来的。

杨宁初战告捷。当时普通水稻的保底价是每斤2元，紫黑香糯的保底价则是每斤6元，当年很多村民就通过种植紫玉香糯脱了贫。

杨宁通过调研发现，江门村昼夜温差大，山间雾气弥漫，种出的西瓜品质格外好，便组织村里的留守妇女成立了"苗阿嫂"种养专业合作社。当杨宁打出"泉水灌溉的高山西瓜"招牌，又甜又沙的高山泉水西瓜受到市场欢迎。如今，高山泉水西瓜已成为当地响当当的品牌。

杨宁通过微信朋友圈，分享大苗山的美食和文化，做起了"微商"。在拓宽销售渠道上建起"苗村倌食堂"，把生态农产品加工成快速、便捷的盒饭，让生态农产品走进千家万户。村里新建的加工车间落成，重点推进农产品标准化深加工，实现集体经济增收……

从脱贫攻坚到乡村振兴，杨宁的脚步一直没有停歇。13年来，她将青春与激情奉献给了这片生她、养她的土地。她说，她要继续走最险的路，去最偏远的山寨，永远为老百姓做实事，带领村民过上更加幸福美好的生活！

（文／中国妇女杂志社　杨华）

甘公荣：一心为“公”，再创光“荣”

致敬词

磊落平生无限爱，尽付无言高歌行。她时刻谨记父辈“一心为公，恪尽职守”的嘱托，用实际行动传承好家风，将父母“艰苦奋斗，一心为民”的精神火种播撒在人间。

甘公荣：生于1958年。退休前为中国工商银行江西萍乡莲花支行职工，现为江西省巾帼志愿服务协会副会长，江西省妇联副主席（兼）。获评全国三八红旗手标兵、全国劳动模范、全国离退休干部先进个人、最美巾帼奋斗者等。其家庭获评全国文明家庭。

1957年，甘祖昌主动放弃将军的身份，带着一家人回到老家江西省萍乡市莲花县当起农民，带领乡亲们开荒地、修桥梁、建水库。

甘公荣出生于甘祖昌回到老家的第二年。在她小时候的印象里，父亲最常说的一句话就是“要挑老红军的担子，不摆老红军的架子”，甘公荣谨记在心。

1974年，甘公荣初中毕业，她的中考成绩超过了高中录取分数线。但由于当时的上学指标有限，甘祖昌要求她把上学的机会让给更需要的孩子。“开始，我有点儿不愿意，不想放弃这个机会。但在父亲的影响带动下，我放弃了继续上学的想法，留在家乡当起了农民。”很快，甘公荣成了乡亲们交口称赞的种庄稼好手，还担任了生产队的妇女队长，初次体会到挑担子的自豪感。

后来，甘公荣当过公社团委副书记兼大队团支部书记、县电影队工人、县工商银行储蓄员。不论是在县电影队放电影，还是在县工商银行当储蓄员，她都能服从组织安排，虚心做人、专心做事。在做储蓄员的10多年间，她经手了数亿元人民币，没出过丝毫差错，多次获得全国、省、市表彰。

2001年，全国金融系统改制，部分职工对改革政策有意见，甘公荣向组织提出内退，回家做起了家庭妇女。有人曾问她：“你是全国金融系统劳动模范，就这么内退了，是不是太可惜了？”甘公荣答道：“如果大家都不带头，都不牺牲，国家的政策就没办法推行，那大家的利益就会受损，这是父亲绝对不会答应的事情。”

2013 年年底，甘公荣的母亲龚全珍成立了龚全珍爱心救助基金会，甘公荣发挥特长，参与基金会的管理工作。这么多年来，她的脚步踏遍了当地困难群众的门槛，她用微薄的退休金，为数不清的家庭送去希望与关怀。每年“六一”儿童节，她总要带着学习用品到结对帮扶的孩子家里走一走、坐一坐，为他们送去鼓励和温暖。“每当看到孩子们不再因学费困扰而露出开心的笑容时，我就觉得特别满足、特别快乐。母亲常说‘帮助别人就是快乐自己’，我想就是这个意思吧。”甘公荣说。

甘公荣还是“赣鄱红色娘子军”宣讲团的骨干宣讲员，到全国各地开展线上线下宣讲，听过她宣讲的人已超过 800 万人次，让革命理想信念的红色种子在更多人心中生根发芽。中国井冈山干部学院长期邀请她为学员讲述老红军的故事和艰苦奋斗的精神，从莲花到井冈山干部学院，山路崎岖、弯多路窄，对于晕车的甘公荣来说是一种煎熬，但她还是咬牙坚持了下来。她说：“父亲他们当年还翻雪山、过草地呢，我这点儿困难算什么！”

如今，儿子和儿媳接过了甘公荣的接力棒，让红色血脉代代相传、生生不息，这个革命家庭正沿着先辈们走过的长征路勇毅前行。

（来源／江西省妇联　编辑／中国妇女杂志社　邵玮）

吴蓉瑾：
星星火炬，领路时代新人

致敬词

她是新时代“四有”好老师的典范，教育均衡、共富理念的践行者；她发起小小讲解员服务队，以童音讲党史，让革命理想信念深植孩子心田，使红色校园文化蔚然成风。

吴蓉瑾：生于1974年。上海市黄浦区卢湾一中心小学校长。党的二十大代表。2020年入围“全球教师奖”。获评全国三八红旗手标兵、“时代楷模”、全国教育系统先进工作者、最美巾帼奋斗者等。

“立德树人，做好学生的领路人”是吴蓉瑾的座右铭。她发起全国首个由小学生组建的红领巾讲解员社团——“红喇叭”小讲解员社团。“在讲解的过程中，孩子们不仅了解了中国共产党的红色历史，更让他们深知今天幸福生活的来之不易，坚定了他们赓续红色血脉的决心。”吴蓉瑾感触颇深。

卢湾一中心小学位于上海市黄浦区淡水路，刚好毗邻中共一大纪念馆。吴蓉瑾回忆起自己小时候第一次戴着红领巾走进这座纪念馆，听讲解员娓娓讲述建党历史，当时她心中就生出一个梦想——要来这里讲故事。

2006 年春天，吴蓉瑾带着一群少先队员走进中共一大纪念馆。孩子们说：“吴老师，我们也想成立一支由少先队员组成的讲解员队伍！”于是，她发起成立“红喇叭”小讲解员社团。

起初队员们对讲解的内容只是生硬地背诵，吴蓉瑾就用聊天、讲故事、观看电影等方式，帮助队员们了解讲稿背后的故事。吴蓉瑾说：“只有红色历史入脑入心，讲解才能有血有肉。”孩子们的讲解越来越生动，他们用清脆的童声、通俗易懂的语言、亲切入耳的沪语、流畅自如的英语，讲解着共产党人风云际会、相约建党、开天辟地的精彩故事，吸引参观者们围着听、追着看，成为中共一大纪念馆中一道独特的风景。

如今,“红喇叭”小讲解员社团已成立17年，中共一大纪念馆里“留存”了千余名小讲解员的声音。当年的小讲解员们渐渐长大，有的已经踏上工作岗位，却依旧坚持参加红色场馆的讲解工作，有的还会回到母校为学弟、学妹进行培训。因为童年这份经历根植于心，他们爱党、爱国、爱社会主义的情感更真切、更炽热。

吴蓉瑾说，人生的“拔节孕穗期”需要精心引导和栽培，播种一颗信仰的种子、守护一颗跳动的红心，是教师的使命与职责。建党百年波澜壮阔的实践表明，红色基因永远是激励我们砥砺前行的强大正能量。多年的实践也告诉她，孩子们能听懂，更能成为红色文化的传播者和信仰的传承人。在红色教育的实践中，要充分利用区域红色资源，把国家大事当作育人契机。上海是国家教育综合改革的试验区，在教育信息化建设上一直走在全国前列。13年前，吴蓉瑾跟随上海教育先行先试的脚步，开始了教育信息化的探索。自主研发了“云课桌”“云厨房”“彩云图书馆”“云手表”等校内物联网，积极学习、探索信息技术与教育教学的深度融合，借助新技术关注和促进学生的全面发展。

这些年，吴蓉瑾到过青海、贵州、陕西、四川、重庆、云南等地的250余所学校，走到哪里就把“云课堂”带到哪里，推广先进教育理念，努力践行教育均衡发展，实现着她的教育理想。

中宣部在授予吴蓉瑾“时代楷模”称号时这样写道：是新时代“四有”好老师的典范，用默默无闻的耕耘，传播知识、传播思想、传播真理，用甘当人梯的奉献，塑造灵魂、塑造生命、塑造新人，用舍己为人的牺牲，彰显了人民教师这一最伟大最神圣职业的崇高价值追求。

（文／中国妇女杂志社　王晓艳）

2023

全国三八红旗手标兵

钱素云	首都医科大学附属北京儿童医院党委委员、重症医学科（PICU）及内科教研室名誉主任，教授，博士生导师
陈雨佳	黑龙江省牡丹江市宁安市玄武湖大米专业合作社销售经理，宁安市雨佳农产品有限公司总经理，宁安市妇联挂职副主席
宋　寅	交通运输部东海救助局第一救助飞行队搜救教员机长、飞行管理部部长
孙金娣	江苏省南京市栖霞区仙林街道党工委书记，仙林农牧场党委书记，仙林大学城工委委员、管委会副主任
王　霜	中国女足运动员
杨浪浪	重庆市人民小学党委书记、校长
石丽平	贵州省松桃梵净山苗族文化旅游产品开发有限公司负责人，国家级非物质文化遗产代表性项目苗绣省级代表性传承人
宋晓玲	新疆天业（集团）有限公司党委书记、董事长
武桂珍	中国疾病预防控制中心生物安全首席专家，中国医学科学院学部委员，亚太生物安全协会主席，世界卫生组织生物安全专家技术咨询组成员

钱素云：守护祖国的花朵

致敬词

怀大医精诚在心，践大爱无疆于行！她以高超医术为刃，以高尚医德为盾，在不见硝烟的战场上与死神较量，为一个个年幼生命赢得生的希望。

钱素云：生于1962年。首都医科大学附属北京儿童医院党委委员、重症医学科（PICU）及内科教研室名誉主任，教授，博士生导师。党的二十大代表。获评全国三八红旗手标兵、最美巾帼奋斗者等。

儿童重症医学科（PICU）有别于其他儿科专业，它是危重患儿的最后一道防线，患儿的病情瞬息多变，医生的一个决策可能决定患儿的生死和一个家庭的命运。而这便是钱素云战斗的地方，她坚守于此，与病魔对峙、与死神竞速，40 年来，救治了 2 万多名危重患儿，为他们的家庭重燃起生活的希望。

钱素云是一个“医二代”。当年报考医学院，是受了身为医务工作者的母亲的影响；将儿科专业作为毕生追求，则源于心中的信念——守护祖国的花朵，守住家庭的希望。

大家常常把“儿科”称为“小儿科”，其实它是门“大学科”。儿科最大的特点是孩子病情变化特别快，而大部分患儿又不会表述病情，需要医生加倍的耐心和细心。钱素云对自己和团队的要求是认真、多去床边看看病人。她认为，即便仪器能提供的数据越来越多，但冰冷的仪器替代不了医生在病房床边细致入微的观察。“在孩子生命最紧要关头，努力帮孩子一把，是我们的责任，也是我们的使命。”钱素云说。

儿科医生不但要治病，还要医心。钱素云和团队面对的不仅是孩子复杂的病情，还有焦虑不安的家长。钱素云总是尽量用通俗易懂的话来解释孩子的病情，尽最大可能对家长进行情绪疏导，帮他们想各种办法解决实际困难。在拯救生命最紧要关头，从不轻易言弃，一分希望百倍努力。一位13岁大的贫困儿童，5年前出现阵发性双脚剧痛，辗转多地就医，未能得到缓解。2022年年初，他在北京儿童医院被确诊为法布雷病。钱素云帮助孩子申请了救助基金，并联系当地医院就近安排后续治疗。经过她和团队的精心救治，孩子重获新生。

在临床工作中，会涌现出大量疑难问题。如何把疑难问题转变成科研攻关方向、找出解决方案、让更多患儿受益，一直是钱素云及团队努力的目标。1994年，她在国内率先开展经颅多普勒超声（TCD）在儿童重症诊疗中的应用研究，填补了国内儿科空白。经过不懈努力，她在国内首次证实TCD监测有助于评估昏迷患儿预后并指导治疗，还首次提出了儿童脑死亡的TCD诊断标准，被纳入《中国儿童脑死亡判定标准与操作规范》。目前，该技术已在国内70多家医院的PICU推广应用，可部分替代有创检查，提高病情判定的准确性，降低医疗费用。

健康所系，性命相托。作为一名救死扶伤的医生，钱素云一直秉持“哪里有病人、哪里有需要，就去哪里”的原则。新冠疫情期间，她积极参与诊疗方案修订及武汉等多地危重患儿线上会诊。2022年，在北京新冠疫情形势最复杂、严峻的时刻，新冠病毒感染儿童激增，她和团队挺膺担当、共同战斗，不负生命的托付，救回一个又一个孩子。

“唯有努力工作，不懈怠、不放弃，才能不负重托。”在钱素云眼中，“看着孩子们带着最纯真的笑脸走出重症病房，是我最大的幸福”。

（文／中国妇女杂志社　王梓蓉）

陈雨佳：让“中国饭碗”盛上优质“龙江粮”

致敬词

一粒米可以成就大事业，小村庄可以成为大舞台。返乡创业成了“种米姑娘”“农事主播”，她是兴粮节粮行动派、乡村振兴新农人。

陈雨佳：生于1989年。黑龙江省牡丹江市宁安市玄武湖大米专业合作社销售经理，宁安市雨佳农产品有限公司总经理，宁安市妇联挂职副主席。第十四届全国人大代表。获评全国三八红旗手标兵、最美巾帼奋斗者等。

万年火山、千年遗址，特色古镇、鱼米之乡……每当陈雨佳介绍自己家乡的时候，总是充满骄傲和自豪。她的家乡黑龙江省牡丹江市宁安市渤海镇上官地村坐落在世界地质公园和国家级森林公园旅游金三角的核心区，这里有经过长期风化演变而成的石板田，当地人采用传统古法在石板田上人工种植水稻，所产的大米绿色环保、品质好。

作为我国最大的商品粮基地，黑龙江人民始终牢记习近平总书记的谆谆嘱托和殷殷期望，坚持把发展现代农业作为振兴发展的重要内容，努力当好维护国家粮食安全的“压舱石”。陈雨佳自然不敢懈怠，她从小就觉得家乡广阔农村大有可为，“小石板米”也能成就大事业。

怀揣儿时的梦想，肩负黑龙江新农人的使命，2016年，她辞去教师工作，毅然回到家乡和母亲褚丽娟组成“黄金搭档”，成为当地大米专业合作社的领头雁，矢志将香气四溢却始终缺乏知名度的石板大米卖向全国。

合作社种植的石板米从育苗阶段就开始喷洒益生菌和灵芝素等生物营养液，以确保每一粒稻米的品质，并且坚持人工插秧、人工收割、人工推垅等传统种植管理方式。“要做健康优质的粮食，要从选种就‘紧张’起来。”选种、育秧、种植、加工……每一个环节，陈雨佳都亲力亲为。她经常会在田间地头进行直播，春播、夏种、秋收、冬藏，陈雨佳每个季节都会推出不同的直播内容，为的是让客户直观地看到石板田的四季形态。“大家好，我是种米姑娘陈雨佳。我的脚下就是被大雪覆盖的石板田，厚厚的冰雪既能杀死虫卵，又能灭菌，石板岩上营养丰富的腐质土，所产大米绿色环保品质好……”

除了卖米，陈雨佳还有梦想：做乡村旅游。上官地村紧邻镜泊湖，背靠火龙山，自然风光优美，正可谓“灵山秀水齐荟萃，水碧天蓝稻花香”。这里还曾是唐代渤海国的“皇家后花园”。

“稻作主题公园”是村里打造、陈雨佳参与创建的特色风景公园，稻田如波似浪，随风摇曳。在这里，游客们不仅可以了解石板大米的耕种过程，还能亲自体验农事活动。夏日荷花开，日落晚霞美，大家在稻田里捉鱼捕鸭，乐趣多多；冬季农闲季白雪皑皑，照样是网红打卡地，游客们滑雪橇、赏雪雕、品湖鱼、吃黏豆包，体会浓郁的关东风情。

游客越来越多，上官地村又开起了民宿。有些老人跟孩子一起在城里居住，自家房屋就空了。村里租下来，统一装修做民宿，陈雨佳既是导游，还兼职营销，变成了形象代言人。民宿经济既增加了村集体的旅游收入，还能使村民得到一份租金，“双赢！大伙儿都高兴。”2020 年，虽然受到新冠疫情影响，但村里依然实现了“建设 100 天、经营 100 天、就业 100 人、增收 100 万”的旅游发展目标。

卖大米、做旅游，陈雨佳风风火火，越干越有劲儿。曾有人问陈雨佳创业的感受，她用习近平总书记的“金句”来回答：“新时代，农村是充满希望的田野，是干事创业的广阔舞台。”

（编辑 / 中国妇女杂志社　杨华）

宋 寅：
接力生命的“最帅女机长”

致敬词

在云里穿行，在海上盘旋，她无惧生死，驾机翱翔海天。以过硬的飞行技术和专业能力，在危难中上演以生命挽救生命的接力，筑起海上生命线，成为穿过乌云的那束光！

宋寅：生于1986年。交通运输部东海救助局第一救助飞行队搜救教员机长、飞行管理部部长。获评全国三八红旗手标兵、中国青年五四奖章、全国五一劳动奖章、全国青年岗位能手、全国巾帼建功标兵、最美巾帼奋斗者等。

宋寅入行 15 年，驾机在云里穿行，在海上盘旋，在危难中上演生命接力。总飞行时间 3447 小时，救援飞行 1089 小时，230 人获得救助。

2008 年年底，大学毕业的宋寅被派往澳大利亚阿德莱德飞行学院进行为期 15 个月的学习，之后正式成为一名飞行员。

历练多了，宋寅越来越明白：飞行搜救不是耍酷，而是与生死相伴，每一次出动都是未知，你永远不知道现场会发生什么。

2012 年 12 月 30 日，东海一艘渔船在海上失去动力，19 名船员被困 11 小时。风浪大，小船的横摆幅度也大，甲板上下落差有七八米，海浪拍打到甲板上，又湿又滑，宋寅和同事们克服困难进行营救，19 名船员最终全部获救。

2015 年，宋寅“出师”了，以娴熟的飞行技术和丰富的实战经验升任机长，成为全国仅有的两名女搜救机长之一。

上任不久，宋寅就迎来了一次考验。2015 年 11 月 27 日，寒潮来袭，一艘渔船失事翻扣，船上 9 人生死未卜。宋寅和 2 个备用机组组成空中接力，陆续把潜水救生员和救助装备送到现场。就在她驾机返回途中，无线电里传来好消息：一位被困 36 小时的渔民被潜水救生员救了出来！

2016 年 12 月 27 日，东海一艘渔船失火，海上风急浪高，火借风势，越烧越大，其他船只根本无法靠近。宋寅驾驶飞机，沉着避开火势，绕到离着火舱较远的渔船上方。此时，大火随时可能引发渔船油箱油罐爆炸，她默默在心里对自己说：别慌，越是危急，越要沉下心来。她屏气凝神，专注操纵飞机，和队友一起在最短时间内完成了救助。

“救援是和时间赛跑，你越快，遇险者得救的概率越大。”因此，每次出动，心里总有一个声音在说：快点儿，再快点儿，遇险者就在那里等你！为了“再快一点儿”，她和队友苦练技术，将出动时间由原来的45分钟压缩至35分钟。“别小看这短短的10分钟，海上险情瞬息万变，每提前1分钟都可能给遇险者带去更多希望。”

飞行搜救是一个危险的职业，面临危险的概率大约是航天员的5倍、喷气式轰炸机飞行员的10倍、民航飞行员的54倍。“一个女孩子，为什么要干这个？”宋寅的答案是：“当你真正参加过救援，这些困难就不值一提了。当你游走在生死边缘，你会更珍惜生命，也会更理解救援的意义。”

2022年春天，上海因新冠疫情封控，她在队连续值班待命60多天，其间完成救助10余起。

生活中的宋寅风趣幽默，爱好多多。马拉松、攀岩、跳伞等极限运动都是她的热爱，闲暇时还会做做美食。然而她最爱的还是自己的职业，“我看过最美的天空，满天的云朵，阳光穿云破雾投射下来，照在海上，那个画面特别美。这很像我们的救援，遇险者身处困境，乌云密布，如果有一束光照下来，就能点燃他们生的希望。而我们，就是穿过乌云的那束光！”

（文／张素军　编辑／中国妇女杂志社　苏容）

孙金娣：
打造新时代“枫桥经验”城市版

致敬词

她是高举党旗推动城市基层社会治理创新的“探路者”，是敢挑重担、敢滚钉板、敢打硬仗的基层干部。她在基层一线深耕责任田，着力解决群众急难愁盼，绘就“党旗红、治理优、生活美”的幸福画卷。

孙金娣：生于 1963 年。江苏省南京市栖霞区仙林街道党工委书记，仙林农牧场党委书记，仙林大学城工委委员、管委会副主任。党的十九大、二十大代表。获评全国三八红旗手标兵、全国优秀党务工作者、抗击新冠肺炎疫情全国三八红旗手、最美巾帼奋斗者等。

江苏省南京市栖霞区仙林街道是原农牧场改制拆迁而来，非户籍人口多，社会矛盾复杂，一度在南京城市管理考核中排名靠后。

“如何在这块土地上当好家、执好政？”这是从 2010 年 6 月成为仙林街道党工委书记开始，孙金娣就一直在探索的问题。

登高先修其低，行远先修其近，孙金娣用脚步丈量仙林的每一寸土地，持续探索党建引领基层治理务实管用的办法举措。在她的带领下，街道党工委从抓党建责任制入手，将 10 个社区划分为 90 个综合网格、195 个专属网格，2668 个驻街单位全部纳入其中，所有工作人员全部下到网格，实现“人到格中去、事在网中办、难在网中解、情在网中结”。在网格化机制基础上，仙林街道在居民小区、商业街区、驻街高校、驻街企业等 10 类主体中成立 439 个“一家亲·同心圆”组织，把网格连心做到千家万户。

同时，孙金娣还建立“1+3+N”党组织架构，把党组织触角延伸到商圈、楼栋、物业、志愿者等末梢，还在 5 个商业综合体新建了一批爱心服务驿站，让快递员、外卖送餐员等新就业群体随时能找到党组织。13 年来，街道基层支部数量增加了 40 多个，建成了南京市最大街道党群服务中心。

作为街道“带头人”，孙金娣把最重的担子、最硬的骨头压给自己。她把手机号码向群众公开，24 小时开机，老百姓的电话第一时间接、第一时间回。在她的带领下，街道党员干部遇事不推、不躲、不让，“硬着头皮、磨破嘴皮、饿着肚皮、踏破脚皮”，以“滚钉板”精神开展仙林新村环境综合整治提升行动。

仙林新村空中缆线“蜘蛛网”是存在 20 多年的历史遗留问题，孙金娣争取 5 家电力电信公司支持，57 天解决了仙林新村北区强电弱电杆线入地问题。大成名店商业综合体一直是安全隐患的“乱窝子”，孙金娣带着街道班子成立 6 个工作组，一家家店主沟通、一个个房东走访，最多的一户上门 46 次，历时 13 个多月顺利实现负一楼燃气改电、门面出新、环境提升，93 个店铺没有一分钱补偿、没有一个人上访。

作为女干部，孙金娣一直把妇女群众的就业和生活挂在心间。针对仙林新村拆迁失地妇女群众，街道成立由领导班子成员任组长的 10 个推进就业攻坚组，通过走访和劝说，转变她们不愿重新上岗就业，打死不做“保洁、保安、保绿”的观念，把党和政府的关怀、妇联“娘家人”的温暖送到广大妇女心中。

孙金娣说，在党的二十大上，亲耳聆听习近平总书记做报告，她的眼前浮现出一幕幕仙林街道社会治理的生动实践。她坚定地说：“建设人人有责、人人尽责、人人享有的基层治理共同体，打造中国式现代化的基本单元，是我不变的初心和追求。”

（文／中国妇女杂志社　邵玮）

王　霜：
风雨彩虹又见铿锵玫瑰

致敬词

她是足球赛场上的“追风女孩”，是书写铿锵玫瑰新传奇的青春力量。她用濒临绝境也要逆转绝杀的坚持，诠释永不言弃的女足精神，激励女性面对挑战勇于“上场”的底气。

王霜：生于1995年。中国女足运动员。获评全国三八红旗手标兵、最美巾帼奋斗者等。

王霜从小就对足球情有独钟，她说："足球让我能够充分地表现自己，让别人注意到我。还有就是我能够和一个集体在一起，我们一起赢、一起输。"

7 岁那年，王霜开启足球之旅，她的天赋尽显，职业生涯也步步进阶：12 岁入选中国女子国少队，15 岁入选中国女子国青队，不满 18 岁入选中国国家女子足球队，曾是入选国家女子足球队中年龄最小的球员。

2013 年，王霜入选中国国家女子足球队，出战东亚四强赛，入围当年亚洲最佳女子青年球员提名。2016 年，她作为中国女足的主力球员出战里约奥运会，为中国女足夺得第八名作出了突出贡献。2018 年，她再次以中国女足主力身份参加第十八届亚运会，为本届亚运会中国女足获得亚军发挥了至关重要的作用。2022 年 2 月 6 日，女足亚洲杯决赛，中国女足 3 比 2 逆转韩国女足，时隔 16 年再次夺得亚洲杯冠军，王霜贡献 5 粒进球、3 次助攻……

"你永远可以相信中国女足！"王霜半决赛后发布的这条微博被近 30 万球迷点赞。王霜曾说："先不要叫我们'铿锵玫瑰'，因为这是老一代女足运动员用青春和汗水换来的称号，而我们还没有让大家满意的成绩，希望能书写自己的新故事。"

王霜说，自己在 17 岁代表中国女足站上世界赛场、奏响国歌的那一刻，深切感受到祖国的力量。她珍惜每次为国而战的机会，“这能够让更多的人看到中国女足，看到中国女性力量，见证中国崛起”。

王霜见证了国家对女足事业的高度重视和中国女足的强劲发展。“女足训练基地多了，队员的身体状态监测等高科技数据分析应有尽有，培训体系和后备人才队伍建设更趋完善，踢球的女孩子也越来越多。体育带给女性的是一种更全面的塑造。”

王霜一直关注乡村女足发展。2021 年 4 月，中国首座女足主题球场在云南省昆明市石林彝族自治县的一所小学落地。她专程去了这所小学，和孩子们互动交流。“当时我们约定，如果我在亚洲杯进球，就做一个‘比心’的动作送给她们。”后来在亚洲杯首场比赛她进了第一个球后，对着摄像机“比心”。她还在微博上写道：“我可是信守承诺的小王，大家都要多多支持‘追风女孩’哦！”孩子们看到后，欢呼雀跃地说：“王霜姐姐真的记得！”

勇往直前去做自己想做的事，实现梦想的过程有痛苦、有挫折、有汗水和泪水，还有孤独，但都是值得的。王霜说：“女足精神就是永不言弃，即使濒临绝境，也要逆转绝杀。希望女足精神能给所有女性‘上场’的底气。”

（文／中国妇女杂志社　王晓艳）

杨浪浪：理想校园的打造者

致敬词

她努力为孩子们打造理想的校园，希望最美的童年在校园度过。她说要想让孩子成为有趣的人，学校先要成为有趣的学校。教育不仅要向孩子传授知识，还要鼓励孩子保持天真与好奇……

杨浪浪：生于 1972 年。重庆市人民小学党委书记、校长。党的二十大代表。获评全国三八红旗手标兵、全国优秀共产党员、全国五一劳动奖章、全国未成年人思想道德建设工作先进工作者、最美巾帼奋斗者等。

2009 年，从事小学英语教学 16 年的杨浪浪担任了重庆市人民小学的校长，当时 37 岁的她，成为重庆市最年轻的直属学校校长。喜欢创新的她在多年实践探索经验基础上，推出了一套 EOC 课程体系，即体验 (Experience)、开放 （Open)、综合 （Comprehensive)，意即打破传统，实施更多元、更开放的跨界教育。

“过去我们称学校为象牙塔，随着信息时代的来临，人们的思维方式发生了巨大改变，象牙塔不再独立于社会之外，不仅课本是教材，社会也是教材，学科之间的藩篱正在消除，学科内部的知识点也在重构，像语、数、外、音、体、美，本身就有很多互通元素，跨界教育成为必然。”比如，用指南针辨别方向是小学数学的知识点，指南针的北是 N，南是 S，来自英语的 North 和 South，这就涉及英语学习。指南针是谁发明的？又是如何利用的？这又涉及历史和航海知识。如果一位数学老师能同时具备上述知识点，在一堂课里，学生学到的就不仅有数学，还有英语、历史、航海等知识。

近些年，重庆市人民小学创下多个第一：重庆市第一所成立国际部的小学、国内唯一一所开设意大利语的小学、全国首批在海外设立“孔子课堂”的小学……学校还与英国、加拿大、新加坡、意大利等国家的 15 所学校结成了友好学校，并通过与英国友好学校进行专题交流，荣获全国首批“中英校际交流奖”。

2017 年，意大利总统马塔雷拉访华，特意造访重庆市人民小学。他说，中国小朋友在学意大利语，意大利也有好多孩子在学中文，语言为中意友谊搭建了很好的桥梁。马塔雷拉还为孩子们带来了 800 本意大利语儿童读物，杨浪浪则代表全体师生回赠了孩子们自己设计制作的彩绘美术作品《马》。

学校成立了各种外语社团，意大利语、英语、法语、日语……语言的多元化让孩子们的校园生活愈加丰富多彩。社团还组织承接各类外事接待活动，让孩子们从小就能在国际交往中开阔视野。各种校园文化节、情景剧等也在校内轮番上演，以此培养孩子们对异国文化的辨识力和传播中华文化的能力。

有了“请进来”，还要“走出去”。2010 年，经国家汉语国际推广领导小组办公室批准，学校在海外设立了首批“孔子课堂”。美国西雅图笔架山国际学校是“孔子课堂”基地学校之一，学校先后派出了 6 名教师作为志愿者赴该校任教，除了教授中文，也将中国传统礼仪、工艺、音乐等文化元素分享给美国小朋友。

杨浪浪深有感触地说：“教育的国际化是未来基础教育改革的潮流和方向。教育是一种软实力，可以传递中国文化、讲好中国故事、认识世界的同时也为世界提供认识中国、了解中国的机会，在互学互鉴中，实现世界各种文化的平等共生、共存共荣。这是教育国际化的意义所在。”

（文／张素军　编辑／中国妇女杂志社　苏容）

石丽平：
衣锦出乡，为苗绣代言

为发扬光大苗绣文化，她用 8 年时间穿行在大山深处，收集刺绣纹样，组建苗绣团队，推动苗绣创造性转化、创新性发展。衣锦出乡，为苗绣代言，她把苗绣穿上全国两会代表通道，生动讲述“一针一线”背后的故事。

致敬词

石丽平：生于1966年。贵州省松桃梵净山苗族文化旅游产品开发有限公司负责人，国家级非物质文化遗产代表性项目苗绣省级代表性传承人。第十三届全国人大代表。获评全国三八红旗手标兵、全国巾帼建功标兵、全国脱贫攻坚先进个人、全国脱贫攻坚奖奉献奖、最美巾帼奋斗者等。

从种麻、收麻、绩麻、纺线、漂白、织布等一系列复杂的工艺，到刺绣、蜡染、裁缝，最后才能成为一套精美的苗族服饰。每一道程序，都凝结着苗族妇女的勤劳和聪慧。2006 年，苗族服饰列入第一批国家级非物质文化遗产名录。

石丽平的家乡贵州省铜仁市松桃苗族自治县，是全国五个单一苗族自治县之一，位于梵净山脚下。这里的女孩，从小就跟母亲学织布、刺绣，出嫁前，女孩会用所学手艺，亲手为自己绣嫁衣。石丽平说，母亲手把手教她怎么拿针、怎么走线、怎么配色……“松桃苗绣多以花鸟虫鱼、日月山川为题材，着色大胆自由，针法独特、绣法多样。”

作为松桃苗绣第七代传承人，石丽平牵头将“松桃苗绣”成功注册为中国首个非遗类手工艺地理标志。从 2000 年开始，经过 8 年时间，她行程 3 万多里，记录苗绣历史，收集苗绣资料，为传承和弘扬松桃苗绣作出了积极贡献。

松桃苗绣和鸽子花，都是梵净山的产物。古老神奇的鸽子花素有“植物活化石”之称，但很少有人尝试把素净的鸽子花和绚彩的苗绣结合在一起。石丽平看到了鸽子花背后的生态赋值，也心领神会鸽子花“淡极始知艳”的审美价值，将鸽子花图案与苗族文化、现代时尚元素进行融合创作，产生了奇妙的碰撞效果。2013 年，她主持设计制作的“鸽子花旋极图”系列苗绣作品，被选作联合国礼品，惊艳世界！

2020 年 5 月 22 日，在人民大会堂新闻发布厅，石丽平身穿浓缩绣娘情意和生态赋值的苗绣“鸽子花”服饰，作为第十三届全国人民代表大会第三次会议首场“代表通道”上的首位女性，为家乡脱贫攻坚和手工创业代言。数倍放大的屏幕上，石丽平服装上的细节被展现得清清楚楚：靛蓝色土布衣裳上绣着新奇的花样，白色花瓣倏忽如翅翼，红色点点似鸽目，好似“云通道”上飞来一群鸽子。“我希望苗绣也能像鸽子花一样，经过冰川世纪的变迁，还能以美的姿态留存于世，代代赓续。”

松桃苗绣团队从最初的 3 名绣娘发展到今天的几千人，有下岗女工、留守妇女、返乡农民工。最令石丽平感到欣慰的是，松桃苗绣已成为牵动全乡产业发展的“金线”，每增加一条苗绣产业链，就可以带动几个村，也可以解决更多人就业。她说：“一个村庄做流苏，一个村庄做银器；那个村专做绳，这个村专做布，通过系统化集中合力，把产业做得更有竞争力。”

在苗绣传承上，石丽平不甘做“守望者”。她说，最好的传承方式是让苗绣回归日常生活，披在肩上、束在腰间，装点生活，实现创造性转化和创新性发展。所以，她做得更多的是设计符合现代审美和用途的、包含苗绣元素的文创产品。近年来，松桃苗绣的高端产品远销美国、日本等多个国家和地区，使“民族的”真正成为“世界的”。

（文／中国妇女杂志社　王晓艳）

宋晓玲：天山脚下创新人

致敬词

她是“兵团二代”，在科技创新主战场冲锋陷阵，攻克多个制约化工行业发展的重大科技难题，践行和弘扬兵团精神，在天山脚下书写科技巾帼的奋斗华章。

宋晓玲：生于 1970 年。新疆天业（集团）有限公司党委书记、董事长。享受国务院政府特殊津贴。获评全国三八红旗手标兵、中国青年五四奖章、全国优秀科技工作者、最美巾帼奋斗者等。

宋晓玲先后攻克了一系列制约行业发展的重大科技难题，获得 30 多项国家及省部级科技奖励，发表行业论文 46 篇，获国家发明专利 33 项。

宋晓玲是“兵团二代”，父亲从抗美援朝战场转战至新疆建设，成为一名军垦战士。她进入新疆天业（集团）有限公司的前身——石河子塑料制品总厂，从一名技术员做起，凭着不断努力，成长为主管技术的副厂长。

20 世纪 90 年代，聚氯乙烯（PVC）市场火爆，但生产过程产生的电石渣却是重大污染源，如何处理电石渣成了世界级难题。时任技术副厂长的宋晓玲看到有人用电石渣砌墙，心里一动：电石渣能做水泥吗？通过对电石渣的化学分析，她的推测得到了证实：二者化学元素及分子结构类似！随后她开始查阅水泥性质，研究水泥生产工艺，把自己变成了半个水泥专家。最后，她采用干法乙炔和干磨干烧电石渣水泥工艺继续试验，逐步完成了电石渣从 20% 到 100% 的添加过程，并生产出了同等质量的水泥。2005 年，新疆天业（集团）自建了国内乃至世界第一条 100% 以电石渣为原料的水泥生产线，不仅彻底解决了污染问题，还为企业增加了利润增长点。这项重大发明迅速在全国推广。2017 年，该项技术获得国家环境保护科学技术奖二等奖。

这些年，宋晓玲和团队在 PVC 领域深耕细作，开发出了 9 种专用树脂，其中 4 种填补了国内空白。在此之前，专用树脂要依赖进口，价格居高不下。国产树脂投放市场后，国外树脂价格应声而落，从此打破了国外的封锁垄断。塑料和节水滴灌溉产品也是天业（集团）的主打产品，缺水的新疆因此增加了上千亩良田，其技术及产品还推广到中亚、中非等缺水国家，在国际市场占据了一席之地。

2020年，“国内最大单套乙二醇装置”的稳妥落地，让天业（集团）再次站在了行业的最前沿。天业（集团）60万吨乙二醇项目被誉为“国内大型煤化工的成功典范”。为了这一项目，宋晓玲索性把办公室搬到了现场。“要掌握生产情况，不到现场怎么行？”

化工企业多是塔器装置，经常要登高爬低。宋晓玲却不怕爬高，也许是爬多了，几十米高的塔器她手脚并用，一转眼就能上去。除了胆大，她也心细，“化工是特殊行业，不出事便罢，一出事就是大事，所以不能有丁点儿纰漏”。

如今，天业（集团）已跻身中国企业500强之列。2022年7月13日，习近平总书记视察新疆，在兵团第八师石河子市看望慰问兵团老中青三代建设者代表，宋晓玲就是其中之一。“兵团人铸就的热爱祖国、无私奉献、艰苦创业、开拓进取的兵团精神，是中国共产党人精神谱系的重要组成部分。”习近平总书记说，“要用好这些宝贵财富”。宋晓玲表示，要把习近平总书记的嘱托转化为实际行动，传承发扬好兵团精神，把新疆建设得更加美好。

（文／张素军　编辑／中国妇女杂志社 苏容）

武桂珍：
病毒“捕手”，抗疫“门神”

致敬词

同时间赛跑，与病毒鏖战，武桂珍永远冲锋在前，认清病毒并阻击病毒，用爱与责任筑起坚实的生物安全防护墙，守护着亿万人民的生命和健康！

武桂珍：生于1959年。中国疾病预防控制中心生物安全首席专家，中国医学科学院学部委员，亚太生物安全协会主席，世界卫生组织生物安全专家技术咨询组成员。享受国务院政府特殊津贴。获评全国三八红旗手标兵、全国抗击新冠肺炎疫情先进个人、第三届全国创新争先奖章、全国巾帼建功标兵、最美巾帼奋斗者等荣誉。2022年1月，入选全球顶尖前10万科学家（公共卫生与预防医学领域国内排名第一）。

身为中国疾病预防控制中心生物安全首席专家，武桂珍长期从事传染病预防控制及生物安全关键技术研究、突发公共卫生事件应急处置等工作。她是我国实验室生物安全管理体系的重要策划者和创建者，曾协调处置新冠、埃博拉、非典等数十起重大突发公共卫生事件，并主持研发了国内首个新冠灭活疫苗，为全球抗疫作出了中国贡献。

武桂珍是恢复高考后的“新三届”大学生，怀揣着科研报国的理想，考入了北京医学院（现北京大学医学部）。1983 年，24 岁的武桂珍毕业后便投身我国公共卫生事业，先后任职于天津市卫生防病中心、中国预防医学科学院、原卫生部传染病防治监督办公室、原卫生部卫生监督中心、中国疾病预防控制中心。

为了加强我国实验室生物安全技术体系建设，武桂珍临危受命，组建了我国第一支实验室生物安全管理专业团队，并主持我国 10 余部生物安全领域法律法规、标准的制定及修订。这一系列开创性工作，使中国实验室生物安全体系从无到有、从无序到规范科学，为确保我国实验室生物安全提供了强有力保障。

从抗击非典到援助非洲抗击埃博拉疫情，再到抗击新冠疫情，从深入重灾区武汉到驰援绥芬河、哈尔滨、舒兰，再到三进北京新发地，武桂珍多次率队冲锋在抗疫一线。对她而言，“使命在肩，一刻也不敢停歇”。

2019 年 12 月 31 日凌晨，武桂珍接到上级紧急通知，武汉发生不明原因肺炎。她马上开展了组织动员与统筹协调工作，立即组织病毒病所科研团队进入应急状态。病毒病所多个部门协力合作，争分夺秒为全球新冠抗疫作出了三大贡献：拿到病毒样本的一周内获得病毒全基因组序列；研制新冠核酸检测试剂；成功分离培养首个新冠病毒，并拍摄了全球首张病毒电镜照片。这三大全球首创成果更是及时与全球共享，奠定了全球疫苗、试剂和药物研发的科学基础。面对巨大的未知风险，她果断决策，顶着几乎不可承受的压力，在 P3 实验室内开展疫苗研发，主持全球首个新冠灭活疫苗 I/II 期临床试验，联合开展 III 期临床试验，并在国内率先获得世卫组织紧急使用认证，现已在全球 100 多个国家和地区使用，为全球抗疫贡献了中国力量。

新冠战“疫”最吃紧的日子，武桂珍因为工作需要，无法或很少睡眠，但她并不在意。“我们的工作就是争分夺秒，早一分、早一秒把科研成果送到前方，就可能挽救更多人的生命。”

兢兢业业四十载，不负使命，不忘初心。“祖国的需要，就是我的选择。做对国家和老百姓有益的事，是科研工作者最大的幸福。”

（文／李晓珊　编辑／中国妇女杂志社　王梓蓉）